Reclams Städteführer Nürnberg

Reclams Städteführer · Architektur und Kunst

Nürnberg

Von Elisabeth Wünsche-Werdehausen

Mit 23 Abbildungen, 2 Grundrissen und 5 Karten

Reclam

RECLAMS UNIVERSAL-BIBLIOTHEK Nr. 14199
2021 Philipp Reclam jun. Verlag GmbH,
Siemensstraße 32, 71254 Ditzingen
Umschlagabbildung: Neues Museum und Frauentor –

hintere Umschlagklappe: Selbstporträt Adam Krafts unter dem
Sakramentshaus in St. Lorenz,
Druck und Bindung: Eberl & Koesel GmbH & Co. KG,
Am Buchweg 1, 87452 Altusried-Krugzell
Printed in Germany 2021

ISBN 978-3-15-014199-1
www.reclam.de

Inhalt

Anhang

Nürnberg – die deutsche Stadt

Nürnberg zählte im Mittelalter und zu Beginn der Neuzeit zu den wichtigsten Städten des Heiligen Römischen Reiches. Als Ende des 18. Jahrhunderts seine Blütezeit längst vorbei war, kam der Mythos von »Des Deutschen Reiches Schatzkästlein« auf: Nürnberg galt wegen seiner unversehrt erhaltenen historischen Altstadt und seiner einzigartigen Kunstwerke als deutsche Stadt des Mittelalters schlechthin – ein romantisches, rückwärtsgewandtes Nürnberg-Bild, das bis heute Millionen Touristen aus aller Welt anzieht, auch wenn die Altstadt im Zweiten Weltkrieg in Schutt und Asche gefallen ist. Zugleich ist Nürnberg auch die Stadt der Industrialisierung des 19. Jahrhunderts, der nationalsozialistischen Reichsparteitage, der Aufarbeitung der NS-Zeit in den Nürnberger Prozessen und des Wiederaufbaus nach dem Krieg. Die Gegensätze könnten kaum größer sein. Nürnberg erschließt sich daher nicht auf den ersten Blick, es will entdeckt werden – vor allem die noch immer zahlreichen hochkarätigen Kunstschätze und Bauwerke des Mittelalters und der Frühen Neuzeit, die den Krieg überlebt haben oder rekonstruiert werden konnten. In Verbindung mit den Zeugnissen der Gegenwart machen sie Nürnberg zu einer lebendigen, sehenswerten Stadt unserer Zeit.

Keimzelle der Stadt war die auf einem strategisch günstig gelegenen Sandsteinfelsen errichtete Burg: Die Könige und Kaiser des Heiligen Römischen Reiches brachten den Adelssitz im 11. Jahrhundert in ihren Besitz, um ihn zu einem wichtigen politischen Stützpunkt in der Region auszubauen. Zu Füßen dieser Burg entstand die Siedlung »Norenberc«, die 1050 erstmals schriftlich erwähnt ist: der Kern der Sebalder Altstadt. Die weitere Entwicklung begünstigte neben der guten Lage an wichtigen Handelswegen das wenig später von Kaiser Heinrich III. von Fürth nach Nürnberg übertragene Markt-, Münz-

und Zollrecht. Auch die damals aufkommenden Wallfahrten zum Grab des hl. Sebald förderten die Wirtschaftskraft und das Prestige der Stadt.

Seinen eigentlichen Aufstieg verdankte Nürnberg den staufischen Kaisern und Königen, die im 12. Jahrhundert die Burg zur Kaiserpfalz ausbauten und damit die Stadt zu einem bedeutenden Regierungs- und Wohnsitz der umherreisenden Herrscher des Heiligen Römischen Reiches machten – eine Hauptstadt mit fester Residenz gab es im Mittelalter noch nicht. Die Staufer richteten auch das Amt des Burggrafen zur ständigen Vertretung des Kaisers vor Ort ein und legten südlich der Pegnitz ein neues, hochwassersicheres Viertel mit regelmäßigen Straßenzügen an, die Lorenzer Altstadt. Die enge Verbundenheit Nürnbergs zu Kaiser und Reich wurde schließlich mit dem »Großen Freiheitsbrief« belohnt, den Kaiser Friedrich II. 1219 erließ: Nürnberg wurde Reichsstadt und unterstand von nun an dem alleinigen Schutz des Kaisers – eine gegenseitige Verpflichtung zu Unterstützung und Treue, die offiziell bis 1806 fortbestand. Zahlreiche Handelsprivilegien und das Recht auf steuerliche Selbstveranlagung waren die Grundpfeiler für das weitere wirtschaftliche Wachstum und die politische Selbstverwaltung der Stadtrepublik. Machtkämpfe mit den Burggrafen konnten daraufhin nicht ausbleiben, denn seit 1192 saß auf der Burg das aufstrebende Geschlecht der Zollern (später Hohenzollern), die in der Umgebung Nürnbergs über ein ausgedehntes Territorium herrschten, die späteren Markgrafentümer Brandenburg-Ansbach und Brandenburg-Kulmbach/Bayreuth.

Gleichwohl wurde Nürnberg ab der Mitte des 13. Jahrhunderts von einem städtischen Rat regiert. Die eigentliche Macht lag in den Händen des Inneren Rats, in dem nur die führenden, »ratsfähigen« Familien, später Patrizier genannt, vertreten waren: Durch Handel reich gewordene Großkaufleute wie die

Imhoff, Haller, Stromer oder Tucher lenkten die politischen und wirtschaftlichen Geschicke der Stadt. Nürnberg entfaltete sich zu einer mächtigen, boomenden Fernhandelsmetropole mit Geschäftsbeziehungen in ganz Europa und bis in die spanisch-portugiesischen Kolonien. Der wirtschaftliche Erfolg verdankte sich insbesondere der hochentwickelten Handwerkskunst im Bereich der Textilproduktion und der Metallverarbeitung: Wichtige Exportartikel, mit denen die Kaufleute handelten, waren u. a. Waffen, Rüstungen, Messer, Zirkel, Scheren, Nadeln, Brillen, Uhren, Goldschmiedearbeiten und Musikinstrumente, außerdem Spielkarten sowie Gewürze und Lebkuchen – daher die Bezeichnung »Pfeffersäcke« für die Nürnberger Kaufleute. Die Leistungskraft und der technische Erfindungsreichtum (»Nürnberger Witz«) der Handwerker waren geradezu sprichwörtlich. Dennoch war diesem Berufsstand in Nürnberg im Gegensatz zu anderen Städten der Zusammenschluss in Zünften und die Beteiligung an der Regierung verwehrt. Macht und Wohlstand der Stadt zeigten sich im 13. Jahrhundert im Bau der beiden Stadtpfarrkirchen und in der Anlage der »Vorletzten Stadtmauer«, die zunächst das Sebalder und das Lorenzer Viertel zu beiden Seiten der Pegnitz getrennt befestigte, bis die Stadtviertel schließlich 1320–25 durch Verbindungsmauern über den Fluss vereint wurden.

Dank der besonderen Förderung von Kaiser Ludwig dem Bayern und seinem Nachfolger Karl IV. – der sich besonders gern in der »vornehmsten und bestgelegenen Stadt des Reiches« aufhielt – gewann Nürnberg im 14. Jahrhundert weiter an politischer Bedeutung. Kaiser Karl erbaute hier als Zeichen seiner Verbundenheit nicht nur die Frauenkirche, sondern verkündete 1356 auch die Goldene Bulle (seit 2013 Weltdokumentenerbe der UNESCO), das erste ›Grundgesetz‹ des Reiches, das die Wahl des Königs durch die sieben Kurfürsten regelte und Nürnberg zum Ort des ersten Reichstags nach jeder Königswahl bestimmte: Damit wurde die Stadt neben Frankfurt am Main als Ort der Königswahl und Aachen als Krönungsstätte zur wichtigsten im Reich. Als dann die Reichskleinodien, die Insignien der deutschen Königsmacht wie Krone, Zepter, Schwert, Reichsapfel und mehrere Reliquien, ab 1424 auf Beschluss von Kaiser Sigismund im Heilig-Geist-Spital aufbewahrt und alljährlich auf dem Hauptmarkt dem Volk gezeigt wurden, nahm Nürnberg endgültig die Rolle der ›Hauptstadt‹ des Reiches an. Schließlich gelang es 1427 der Ratsregierung auch, den Burggrafen aus der Stadt zu verdrängen, ihm die Burg abzukaufen und damit noch einmal die eigene Macht zu festigen.

Das gestiegene Selbstbewusstsein der Reichsstadt manifestierte sich in einer intensiven Bautätigkeit: Die Anlage eines größeren Mauerrings, der heute noch erhaltenen »Letzten Stadtmauer« für die stark gewachsene Stadt, das Rathaus und die spätgotischen Hallenchöre von St. Sebald und St. Lorenz prägten das Bild der Stadt. Die Kirchen füllten sich mit Altären, Statuen, Glasfenstern und Epitaphien, die führende Mäzene aus der kaufmännischen Elite stifteten. Hier wirkten so bedeutende Künstler wie die Maler Michael Wolgemut und Albrecht Dürer, der Bildschnitzer Veit Stoß, die Bildhauer Adam Kraft und Peter Vischer d. J., außerdem der Humanist Willibald Pirckheimer, der Verfasser der berühmten Weltchronik Hartmann Schedel, der Dichter und Meistersinger Hans Sachs sowie der Schöpfer des ersten Weltglobus Martin Behaim: Nürnberg machte europaweit als Kunstmetropole und als Zentrum der deutschen Renaissance und des Humanismus von sich reden. Vor allem Albrecht Dürer, dessen kunsthistorische Bedeutung nicht hoch genug eingeschätzt werden kann, trug zum Ruhm der Stadt bei – die heute allerdings nur noch wenige seiner Werke besitzt. Die Zeit zwischen 1470 und 1530 gilt als goldenes Zeitalter Nürnbergs. Mit 30 000 Einwohnern war es Anfang des 16. Jahrhunderts nach Köln die größte Stadt des Reiches. In der Umgebung hatte sich Nürnberg ein großes Landgebiet erobert – es war größer als das jeder anderen Reichsstadt.

Die Einführung der Reformation 1524/25 leitete eine Wende ein. Die Kunstproduktion nahm stark ab, da die protestantisch gewordenen Bürger kein Interesse mehr an religiösen Bildwerken hatten. Aber es kam nicht zu einem Bildersturm in den Kirchen, da die vorhandenen Werke weiterhin als Familienstiftungen in Ehren erhalten wurden – daher die nach wie vor reiche Ausstattung der beiden Hauptpfarrkirchen. Die enge Verbindung der nun protestantischen Reichsstadt zu ihrem obersten Machthaber, dem katholischen Kaiser, kühlte merklich ab: Da hier keine Reichstage mehr stattfanden und sich der Kaiser kaum noch blicken ließ, verlor Nürnberg seine politische Vorrangstellung im Reich. Der Markgräflerkrieg Mitte des 16. Jahrhunderts verursachte hohe Schulden und verwüstete das Umland. Das alte kaufmännische Patriziat, das sich mit dem Tanzstatut von 1521 – das die Liste der 42 ratsfähigen Familien festlegte – gesellschaftlich immer mehr abgrenzte, zog sich allmählich aus seinen Handels- und Finanzgeschäften zurück und entwickelte sich von einer Wirtschaftselite zu einer feudalen Schicht mit adeligem Lebensstil – eine Entwicklung, die 1696/97 in der Erhebung in den Adelsstand gipfelte. Zugleich machte eine erfolgreiche bürgerliche Kaufmannsschicht dem Patriziat zunehmend Konkurrenz und forderte mehr politische Rechte. Die alte Ordnung begann zu bröckeln, aber die Ratsregierung klammerte sich an ihre Privilegien. Der Dreißigjährige Krieg (1618–48) tat sein Übriges: Schwere Bevölkerungsverluste, Schuldenberge und der Niedergang von Handel und Gewerbe stürzten Nürnberg in eine schwere Krise.

Im 18. Jahrhundert war der weitere Abstieg schließlich nicht mehr aufzuhalten, und 1806 verlor Nürnberg, inzwischen hoffnungslos verschuldet, im Zuge der Auflösung des Heiligen Römischen Reiches seine Souveränität als Reichsstadt und wurde dem neugeschaffenen bayerischen Königreich einverleibt. Um die hohen Schulden zu verringern, verkauften die bayerischen Behörden bewegliche Kunstobjekte. Das Verhältnis zum neuen Landesherrn, dem bayerischen König, gestaltete sich nicht immer einfach, vor allem nicht in den Zeiten der Revolution, 1848/49. Das hinderte Ludwig I. aber nicht daran, sich in Nürnberg für die Denkmalpflege, damals noch eine neue Disziplin, einzusetzen. Bereits Ende des 18. Jahrhunderts hatten sich die beiden Berliner Studenten Ludwig Tieck und Wilhelm Wackenroder für das ungewöhnlich gut erhaltene mittelalterliche Stadtbild begeistert, das wegen des Niedergangs im 17. und 18. Jahrhundert im Gegensatz zu vielen anderen Städten kaum barocke Veränderungen erfahren hatte. Nürnberg wurde, wie eingangs bereits angedeutet, zum Sehnsuchtsort der deutschen Romantik und im Zuge des aufkommenden Nationalgefühls zum Inbegriff alt-deutscher Kunst. Die Gründung des Germanischen Nationalmuseums 1852 und Richard Wagners berühmte Oper *Die Meistersinger von Nürnberg* von 1868 sind vor diesem Hintergrund zu sehen.

Im 19. Jahrhundert entwickelte sich Nürnberg dank des Booms des Eisenbahnbaus und der Massenproduktion von Spielwaren aber auch zur bedeutendsten Industriemetropole Süddeutschlands und damit zu einer Arbeiterhochburg, mit Fabrikanlagen und neuen Wohnvierteln außerhalb der Altstadt für die stark angewachsene Bevölkerung. 1835 wurde zwischen Nürnberg und Fürth die erste Eisenbahnstrecke Deutschlands eröffnet.

Zwischen den 1920er und den 1940er Jahren erlebte Nürnberg das dunkelste Kapitel seiner Geschichte: Das Image als alt-deutsche Stadt wurde ihm im Dritten Reich zum Verhängnis. In der Absicht, an die alten Reichstage anzuknüpfen, bestimmten die Nationalsozialisten Nürnberg 1933 zur »Stadt der Reichsparteitage« und errichteten dafür das Reichsparteitagsgelände südlich des Stadtzentrums. 1935 wurden hier die »Nürnberger Gesetze«, die Rassengesetzte gegen die Juden, verkündet. Noch vor der Pogromnacht 1938 fiel die Hauptsynagoge der Abrissbirne zum Opfer. Aufgrund der besonderen Bedeutung der Stadt für die NS-Diktatur sowie wegen der hier angesiedelten Rüstungsindustrie wurde Nürnberg im Zweiten Weltkrieg zwischen 1942 und 1945 zum Ziel zahlreicher Luftangriffe der Alliierten. 90 Prozent der historischen Altstadt fielen den Brand- und Sprengbomben zum Opfer – ein einzigartiges Stadtensemble war verloren.

Nürnberg war neben Dresden die am meisten zerstörte Stadt in Deutschland. Zehn Millionen Tonnen Schutt mussten aus den Trümmern abtransportiert werden. Wichtige Kunst- und Kulturgüter blieben jedoch erhalten, da man sie rechtzeitig in den Felsengängen der Burg, im Kunstbunker, in Sicherheit gebracht hatte. Nach dem Ende des Krieges richtete sich die Aufmerksamkeit der Öffentlichkeit auf Nürnberg, als 1945/46 wichtige Vertreter des NS-Regimes vor das Internationale Militärtribunal gebracht wurden (Nürnberger Prozesse). Weniger die NS-Vergangenheit als vor allem die ganz pragmatische Überlegung, den unzerstörten Justizpalast mit dem angrenzenden Gefängnis für den Prozess nutzen zu können, hatten für die Wahl Nürnbergs gesprochen.

Beim Wiederaufbau der zerstörten Altstadt stellte sich die Frage, ob das alte Stadtbild originalgetreu rekonstruiert oder eine moderne Stadt errichtet werden sollte. Nach zwei Wettbewerben 1947, an denen sich auch Bürger beteiligen konnten, entschloss man sich, die mittelalterliche Grundstruktur der Altstadt als Ganzes zu bewahren und wichtige Einzelbauwerke wie die Hauptkirchen, das Rathaus, die Speicherbauten, die Stadtmauer und die Burg wiederherzustellen, aber die verlore-

Germanisches Nationalmuseum mit der *Straße der Menschenrechte*

nen historischen Wohnhäuser durch moderne Bebauung zu ersetzen – so entstand auf dem traditionellen Stadtgrundriss eine Kombination aus Alt und Neu. Seitdem lösen Neubauprojekte in der Altstadt immer wieder heftige Kontroversen aus. Schon 1950 wurde in diesem Zuge die »Vereinigung der Freunde der Altstadt« gegründet, heute »Altstadtfreunde Nürnberg«. Der Verein setzt sich für die Erhaltung und Restaurierung historischer Bauten, vor allem der Bürgerhäuser, ein und nimmt dadurch großen Einfluss auf die Stadtentwicklung. Gleichwohl ist es mit spektakulären Architekturprojekten wie dem Neuen Museum (Staatliches Museum für Kunst und Design Nürnberg, 1996–2000) von Staab Architekten, dem Dokumentationszentrum Reichsparteitagsgelände (1998–2001) von Günther Domenig und dem Deutschen Museum Nürnberg (2016–21) ebenfalls von Staab Architekten gelungen, Nürnberg auch als Ort zeitgenössischer Baukunst im allgemeinen Bewusstsein zu verankern. Die *Straße der Menschenrechte*, das Dokumentationszentrum Reichsparteitagsgelände und das Memorium Nürnberger Prozesse demonstrieren zudem die aktive Auseinandersetzung der Stadt mit der NS-Vergangenheit.

Stadtgeschichte in Daten

1050	erste urkundliche Erwähnung Nürnbergs
um 1056	Kaiser Heinrich IV. überträgt das Markt-, Münz- und Zollrecht von Fürth auf Nürnberg.
1062	Fürth wird erneut das Marktrecht verliehen.
um 1070	Beginn der Wallfahrten zum Grab des hl. Sebald
1117	erste urkundliche Erwähnung Schwabachs
ab 1139	Die Stauferkaiser Konrad III. und Friedrich I. Barbarossa bauen die Burg zur Kaiserpfalz aus.
Mitte 12. Jh.	planmäßige Anlage des Lorenzer Stadtviertels
1192	Die Burggrafschaft fällt an die Grafen von Zollern (später Hohenzollern).
1219	»Großer Freiheitsbrief« von Kaiser Friedrich II.: Nürnberg wird Reichsstadt.
1230/40–74	Bau der Stadtpfarrkirche St. Sebald
Mitte 13. Jh.	Bau der »Vorletzten Stadtmauer«; Beginn der Regierung des städtischen Rats aus Kaufleuten; Aufstieg der Stadt zu einer wichtigen Fernhandelsmetropole und einem Zentrum der Handwerkskunst
1298	Judenpogrom
um 1320	Die patrizische Ratsverfassung konsolidiert sich.
1332–40	Bau des gotischen Rathauses (Saalbau)
1339	Stiftung des Heilig-Geist-Spitals
um 1340–1400	Bau der zweiten Stadtpfarrkirche St. Lorenz
1346–78	Kaiser Karl IV. weilt 52-mal in Nürnberg.
1348/49	Aufstand der Handwerker, die Beteiligung an der Stadtregierung fordern
1349	Judenpogrom

1350–1452	Anlage der »Letzten Stadtmauer«
1352–62	Bau der Frauenkirche
1356	Verkündigung der Goldenen Bulle
1361–79	Bau des Hallenchors von St. Sebald
1385–92	Anlage des Schönen Brunnens auf dem Hauptmarkt
1423	Kaiser Sigismund bestimmt Nürnberg zum Aufbewahrungsort der Reichskleinodien.
1425	offizielle Heiligsprechung des hl. Sebald
1427	Die Hohenzollern verkaufen den Burgrafentitel an den Rat der Stadt.
1439–77	Bau des Hallenchors von St. Lorenz
1470–1530	Nürnbergs goldenes Zeitalter; die Stadt hat etwa 30 000 Einwohner.
1480	Volckamerfenster in St. Lorenz
1493	Druck von Hartman Schedels *Weltchronik*
1493–95	Sakramentshaus von Adam Kraft
1494–1528	Albrecht Dürer ist in Nürnberg tätig.
1499	Ausweisung der Juden aus Nürnberg
16. Jh.	Entwicklung einer großen jüdischen Gemeinde in Fürth
1508	Schwabacher Altar
1508/09–19	Sebaldusgrab von Peter Vischer d. J.
1517/18	*Engelsgruß* bzw. *Englischer Gruß* von Veit Stoß
1521	Das Tanzstatut legt fest, welche Familien zum Patriziat gehören.
1524/25	Einführung der Reformation
1543	letzter Reichstag in Nürnberg
1552–55	Zweiter Markgräflerkrieg
1602–07	Bau des Pellerhauses
1616–22	Errichtung des Wolffschen Baus des Rathauses
25. 9. 1649	Mit dem Friedensmahl im Rathaus endet offiziell der Dreißigjährige Krieg.

Mitte 17. Jh.	Nürnbergs politischer und wirtschaftlicher Abstieg
1686	Die Planstadt Neu-Erlang wird begonnen.
1743	Gründung der Universität Erlangen
Ende 18. Jh.	romantische Entdeckung Nürnbergs
1806	Auflösung des Heiligen Römischen Reiches; Nürnberg fällt an das Königreich Bayern.
1835	Zwischen Nürnberg und Fürth fährt die erste deutsche Eisenbahn.
1852	Gründung des Germanischen Nationalmuseums
19. Jh.	Nürnberg entwickelt sich zur wichtigsten Industriestadt Bayerns; die Stadt hat über 100 000 Einwohner.
1901/02	Bau des Stadttheaters in Fürth
ab 1933	Die Reichsparteitage der Nationalsozialisten finden in Nürnberg statt.
1934	Beginn der Arbeiten am Reichsparteitagsgelände
1935	Verkündigung der Nürnberger Gesetze
1942–45	weitgehende Zerstörung der Altstadt durch Luftangriffe im Zweiten Weltkrieg
1945–49	Nürnberger Prozesse
1947	Wettbewerb zum Wiederaufbau der Stadt
1950	Gründung der »Vereinigung der Freunde der Altstadt« (heute »Altstadtfreunde Nürnberg«); erste deutsche Spielwarenmesse
1993	Eröffnung der *Straße der Menschenrechte*
1995	erste Verleihung des Internationalen Nürnberger Menschenrechtspreises
1996–2000	Bau des Neuen Museums (Staatliches Museum für Kunst und Design Nürnberg)
2000	Eröffnung der Kulturmeile, der Historischen Meile Nürnberg und des Hirsvogelsaals

2001 Eröffnung des Dokumentationszentrums Reichsparteitagsgelände
2010 Eröffnung des Memoriums Nürnberger Prozesse
2013 Die Goldene Bulle wird zum Weltdokumentenerbe der UNESCO erklärt.
2020 Nürnberg verliert bei der Bewerbung zur Europäischen Kulturhauptstadt 2025 gegen Chemnitz.
2021 Eröffnung des Deutschen Museums Nürnberg

Kulturkalender

Januar – April

Anfang Februar – **Spielwarenmesse:** weltweit größte Messe ihrer Art (Messepark)

Februar (alle zwei Jahre in den geraden Jahren) – **Panoptikum Kindertheaterfestival:** neue Formen von Schauspiel, Tanz oder Installation für Kinder (Theater Mummpitz)

März – **Klezmer Festival:** Festival jüdischer Musik (Fürth, verschiedene Veranstaltungsorte)

März – **Filmfestival Türkei/Deutschland:** Deutschlands wichtigstes interkulturelles Festival für Spiel-, Kurz- und Dokumentarfilm (KunstKulturQuartier und Cinecittà)

zwei Wochen vor Ostern – **Ostermarkt:** Der seit dem 15. Jh. abgehaltene Markt für Geschirr, Textilien und Kunsthandwerk ist die älteste Marktveranstaltung der Stadt (Hauptmarkt)

erste Hälfte April – **Volksfest im Frühling:** erstmals 1826 gefeiertes Volksfest, vor allem mit Bierzelten, Fahrgeschäften und Feuerwerk (Reichsparteitagsgelände, beim Dutzendteich)

Ende April / Anfang Mai – **Töpfermarkt:** hochkarätige Keramik des Verbands nordbayerischer Töpfer (Hauptmarkt)

Mai – Juli

Samstag Anfang Mai – **Blaue Nacht:** Öffnung von Museen, Kirchen, Theatern, Kunstvereinen bis spät in die Nacht, begleitet von Konzerten und anderen Aufführungen in der blau angestrahlten Altstadt (verschiedene Veranstaltungsorte)

zweites Wochenende im Mai – **Tremplermarkt:** Deutschlands größter Innenstadtflohmarkt (Fußgängerzone der Altstadt)

ab Donnerstag vor Pfingsten für zwölf Tage – **Erlanger Bergkirchweih:** eines der weltweit ältesten Volksfeste (Erlangen, Burgberg)

Pfingsten – **Rock im Park:** berühmtes Rockfestival im Freien (Zeppelinfeld)

Mai (alle zwei Jahre in den ungeraden Jahren) – **Internationales Figurentheater-Festival Erlangen, Nürnberg, Fürth, Schwabach:** international bedeutendes Festival für zeitgenössisches Bilder-, Figuren- und Objekttheater (verschiedene Veranstaltungsorte in den vier Städten)

zweite Hälfte Mai – **Fürther New Orleans Festival:** Musikfestival mit Jazz, Rock, Blues, Soul, Pop etc. (Fürther Freiheit)

Anfang Juni – **Fränkisches Bierfest:** neben lokalen Brauspezialitäten künstlerische Darbietungen und Musikgruppen (Burggraben)

Anfang Juni (alle zwei Jahre in den geraden Jahren) – **Comic-Salon:** bedeutendstes Comic-Festival im deutschsprachigen Raum (Erlangen, verschiedene Veranstaltungsorte)

zweite Hälfte Juni – **Lesen!:** Literaturfest (Fürth, verschiedene Veranstaltungsorte)

Juni – **Grafflmarkt:** Flohmarkt (Fürth, Altstadt)

ein Wochenende im Juni – **Ritmos Latinos:** Open-Air-Festival zu lateinamerikanischer Musik (Schwabach, Apothekersgarten)

Juni/Juli – **St. Katharina Open Air:** internationales Musikfestival

Ende Juni / Anfang Juli – **Internationale Orgelwoche Nürnberg ION:** größtes und ältestes Festival für geistliche Musik, mit Werken vom Mittelalter bis in die Gegenwart (Kirchen und andere Orte)

Anfang Juli – **Fürth Festival:** Open-Air-Festival mit Musik, Theater, Tanz und Stadtführungen (Fürth, verschiedene Veranstaltungsorte)

Juli – **Bio erleben:** Markt für Bioprodukte mit kulturellem Rahmenprogramm (Hauptmarkt)

letztes Wochenende im Juli – **Bardentreffen:** Open Air Musikfestival, insbesondere Liedermacher und Folk-Gruppen (Altstadt)

letztes Wochenende im Juli – **Schwabacher Bürgerfest:** Volksfest mit Musikprogramm (Schwabach, Königsplatz und Umgebung)

letztes Wochenende im Juli und erstes Wochenende im August – **Klassik Open Air:** Konzerte der Staatsphilharmonie Nürnberg und der Nürnberger Symphoniker (Luitpoldhain)

August – Oktober

August – **Brückenfestival:** Festival für Musik, Kleinkunst, Kabarett, Poetry-Slam, Mode (unter der Theodor-Heuss-Brücke)

August (alle zwei Jahre in den ungeraden Jahren) – **ortung – im Zeichen des Goldes:** Kunstbiennale zu Werken in der Schwabacher Tradition der Goldverarbeitung (Schwabach, verschiedene Orte der Altstadt)

ein Samstag Anfang August (alle zwei Jahre in den geraden Jahren) – **Goldschlägernacht:** Kunst, Handwerk und Kulinarik in der Schwabacher Tradition der Goldverarbeitung (Schwabach, verschiedene Orte der Altstadt)

August – **SommerNachtFilmFest:** Open-Air-Kino mit Filmklassikern und aktuellem Programmkino (verschiedene Spielorte)

Ende August – **Poetenfest:** eines der größten und angesehensten Literaturfestivals in Deutschland (Erlangen, Schlossgarten, Markgrafentheater und andere Orte)

erste Hälfte September – **Volksfest im Herbst:** erstmals 1826 gefeiertes Volksfest, vor allem mit Bierzelten, Fahrgeschäften und Feuerwerk (Reichsparteitagsgelände, beim Dutzendteich)

zweites Wochenende im September – **Tremplermarkt:** Deutschlands größter Innenstadtflohmarkt (Fußgängerzone der Altstadt)

zweiter Sonntag im September – **Tag des offenen Denkmals:** geführte Besichtigungen von Sehenswürdigkeiten, die sonst nicht der Öffentlichkeit zugänglich sind

ein Wochenende Mitte September – **Stadtverführungen:** rund 500 Führungen zu verschiedenen Orten und Themen, jedes Jahr mit einem festen Motto (Nürnberg und Fürth)

Mitte September – **Schwabacher Herbstkirchweih:** Volksfest mit Kirchweihzug und Live-Musik (Schwabach, Altstadt)

zweite Hälfte September – **Altstadtfest:** Straßenfest für fränkische Küche mit kulturellem Rahmenprogramm und »Fischerstechen« auf der Pegnitz (Insel Schütt und Hans-Sachs-Platz)

September – **Bridging Arts Kammermusikfestival Nürnberg:** Konzerte klassischer Musik an besonderen Orten

September – **Grafflmarkt:** Flohmarkt (Fürth, Altstadt)

Ende September (alle zwei Jahre in den ungeraden Jahren) – **Friedensmahl:** Bürgerfest im Anschluss an die Verleihung des Nürnberger Menschenrechtspreises (Kornmarkt und Umgebung)

Anfang Oktober – **Fürther Kärwa:** Kirchweihfest in der Altstadt von Fürth

Anfang Oktober – **Töpfermarkt:** hochkarätige Keramik des Verbands nordbayerischer Töpfer (Hauptmarkt)

Oktober – **Nürnberg Pop-Festival:** Süddeutschlands größtes Club- und Showcase-Festival (Kirchen, Museen, Geschäfte und andere Spielstätten)

November–Dezember

Anfang November – **LesArt:** Fränkische Literaturtage (Schwabach, verschiedene Veranstaltungsorte)

Freitag vor dem ersten Advent bis Heiligabend – **Christkindlesmarkt:** ältester (seit dem 17. Jh.) und bekanntester Weihnachtsmarkt der Welt (Hauptmarkt)

31. Dezember (alle zwei Jahre in den ungeraden Jahren) – **Silvestival:** Silvesterveranstaltungen mit Musik, Kabarett, Zirkus, Tanz etc. (verschiedene Spielorte in der Altstadt)

Rundgänge

Rundgang A

Germanisches Nationalmuseum (S. 139), Stadtmauer (S. 28), Frauentorturm (S. 83), Neues Museum (S. 143), St. Klara (S. 83), St. Martha (S. 84), Mauthalle (S. 86), Zeughaus (S. 86), St. Lorenz (S. 87), Nassauerhaus (S. 104), Weißer Turm (S. 105), Ehekarussellbrunnen (S. 105), St. Elisabeth (S. 108), St. Jakob (S. 105)

Rundgang B

Burg (S. 29), Tiergärtnertorplatz (S. 34), Pilatushaus (S. 34), Albrecht-Dürer-Haus (S. 34), Albrecht-Dürer-Denkmal (S. 37), Fembohaus (S. 66), Rathaus (S. 52), St. Sebald(S. 39), Sebalder Pfarrhof (S. 38), Weißgerbergasse (S. 38), Kettensteg (S. 81), Maxbrücke

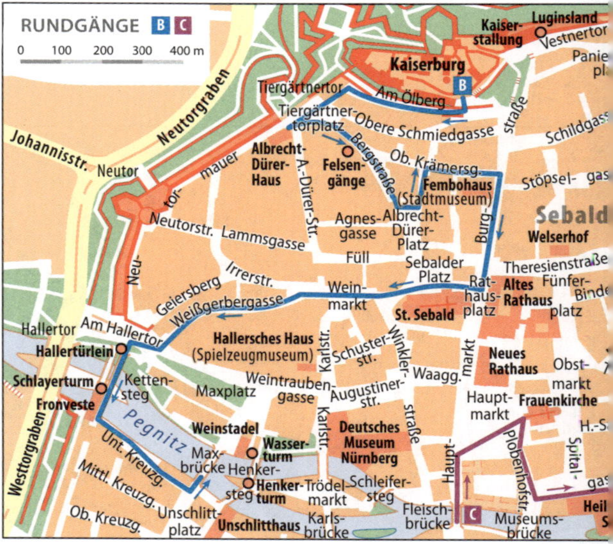

Rundgang C

Fleischbrücke (S. 79), Hauptmarkt (S. 56), Schöner Brunnen (S. 58), Frauenkirche (S. 59), Heilig-Geist-Spital (S. 78), St. Egidien (S. 70), Pellerhaus (S. 67), Laufer Schlagturm (S. 77), Sieben Zeilen (S. 73), Tucherschloss mit Hirsvogelsaal (S. 74)

◆ **Stadtmauer** (I und II): Nürnberg ist die einzige europäische Großstadt mit einer fast vollständig erhaltenen mittelalterlichen Befestigung der historischen Altstadt – es ist die größte noch stehende Stadtumwallung in Mitteleuropa. Im Unterschied zu anderen Zentren wie Paris oder Wien, wo man die Mauern im 19. Jh. abgetragen und auf dem Gelände Boulevards angelegt hat, setzte sich hier damals die Bürgerschaft für den Erhalt der Befestigungsanlage ein. Denn auch wenn der Mauerring wegen der veränderten Kriegstechnik den Bewohnern schon lange keinen Schutz mehr vor äußeren Feinden bot, so prägte er doch nach wie vor das Stadtbild. Daher regte sich auch Widerstand in der Bevölkerung, als man nach den schweren Zerstörungen des Zweiten Weltkriegs erwog, die Reste der Stadtmauer abzutragen – mit der Folge, dass man sie weitgehend original wiederaufbaute. Diese 1350–1452 in über hundert Jahren angelegte, fünf Kilometer lange »Letzte Stadtmauer«, die auch die **Kaiserburg** einbezieht, gehörte zu den größten Umwallungen ihrer Zeit und galt als uneinnehmbar. Der Bau eines neuen erweiterten Befestigungsrings hatte sich Mitte des 14. Jh.s als notwendig erwiesen, da wegen des starken Bevölkerungszuwachses der Platz innerhalb der älteren »Vorletzten Stadtmauer« aus dem 13. Jh., die ein kleineres Stadtgebiet umschloss, nicht mehr ausreichte. Den alten Mauerring trug man nach Fertigstellung der neuen Befestigung Mitte des 15. Jh.s ab.

Die »Letzte Stadtmauer« ist noch heute fast 35 Meter breit und besteht aus mehreren Teilen: Die eigentliche Hauptmauer aus Bruchstein und Bossenquadern ist 7–8 Meter hoch, von einem Wehrgang bekrönt und in regelmäßigen Abständen mit Türmen verstärkt; davor, stadtauswärts, erstreckt sich über eine Breite von etwa 15 Metern das Areal des Zwingers; diesem ist eine zweite, niedrigere Mauer mit weiteren Türmen vorgelagert, sowie schließlich ein 12 Meter tiefer und 20 Meter breiter Graben, der im Gegensatz zu anderen Städten nicht mit Wasser gefüllt war; heute wird er als Parkanlage genutzt (Stadtgraben). Von den einst insgesamt fast 130 Türmen der Stadtmauer stehen heute noch 71. Ursprünglich führten nur fünf Haupttore (das alte **Tiergärtnertor** [I D2] sowie die vier neuen Anlagen des **Laufer-** [I F2], **Frauen-** [II E4], **Spittler-** [II C4] und des **Neutors** [I C2]) an den Einmündungen der alten Fernstraßen sowie zwei Fußgängerdurchgänge (**Hallertürlein** [I C2] und **Wöhrder Türlein** [I F2]) in die Stadt; sie waren nachts verschlossen; durch das **Vestnertor** (I D1) gelangte man in die Burg. Ein- und Ausfluss der Pegnitz waren durch große brückenartige Befestigungen eigens geschützt. Die Türme der Haupttore erhielten 1556–59 neue seitliche Durchfahrten in Renaissanceformen und die charakteristische runde Ummantelung von 18 Metern Durchmesser – die »dicken Türme« sind heute ein Wahrzeichen Nürnbergs.

Zum besseren Schutz vor den neuen Waffen verstärkte der Malteser Festungsbaumeister Antonio Fazuni Mitte des 16. Jh.s die Stadtmauer bei der Burg mit drei polygonalen **Bastionen** mit Kasemattengängen – damals in Deutschland einzigartige Beispiele der modernsten Festungsbaukunst der Renaissance und später für andere Städte ein Vorbild. Auf den Bastionen liegt heute der **Burggarten** (I D1); von hier aus kann man bis zum Neutor auf der gewaltigen Maueranlage spazieren. Die unterirdischen Wehrgänge sind zusammen mit den Lochwasserleitungen, den historischen unterirdischen Stollen zur Trinkwasserversorgung, zugänglich (Eingang Obere Schmiedgasse 52, I D2).

Die **Kaiserburg** (I D2), die sich gut sichtbar auf einem Sandsteinfelsen am nördlichen Rand der Altstadt erhebt, ist heute das Wahrzeichen Nürnbergs. Im Mittelalter zählte die Nürn- ◆

berger Burg zu den politisch wichtigsten Kaiserpfalzen des Heiligen Römischen Reiches und wurde daher zu einer der bedeutendsten Wehranlagen Europas ausgebaut. Denn die mit ihrem Gefolge im Reich umherreisenden Kaiser nahmen bevorzugt in diesem Stützpunkt Quartier und veranstalteten hier zahlreiche Hof-, Reichs- und Gerichtsstage. Auch der Aufstieg Nürnbergs zur Reichsstadt war untrennbar mit der Burg verknüpft. Ihre Ursprünge als kaiserlicher Stützpunkt reichen bis ins 11. Jh. zurück, als vermutlich Heinrich III. die Reste einer zerstörten Adelsburg zu einem Zentrum seiner Machtpolitik im Reich ausbaute. Aber erst die staufischen Kaiser Konrad III. und Friedrich I. Barbarossa errichteten ab Mitte des 12. Jh.s auf dem westlichen Felsrücken die architektonisch anspruchsvolle Kaiserburg. Für die Burggrafen, die die Stauferkaiser als Verwalter, Richter und Steuereinnehmer vor Ort eingesetzt hatten, entstand damals weiter östlich die Burggrafenburg. 1192 ging das Amt der Burggrafen an die Grafen von Zollern, die späteren Hohenzollern, über. Der unaufhaltsame Aufstieg Nürnbergs zur Reichsstadt führte alsbald zu Machtkämpfen mit den Burggrafen. Nachdem sich die Auseinandersetzungen im 14. Jh. immer mehr verschärft hatten – die Bürger brachten die Burg allmählich unter ihre Kontrolle und errichteten 1377 den hohen Wachturm Luginsland –, verkauften die zollernschen Grafen die Anlage 1427 an die Stadt. Mittlerweile hatte sie aber schon an politischer Bedeutung eingebüßt, weil die Kaiser während ihrer Aufenthalte in Nürnberg lieber in den komfortablen Wohnhäusern der Patrizier im Stadtzentrum logierten und die wichtigen Versammlungen nun im neu erbauten Rathaus abhielten. Gleichwohl wurden Mitte des 15. Jh.s Teile der Kaiserburg (Palas und Kemenate) durch gotische Neubauten ersetzt. 1494/95 errichtete der städtische Baumeister Hans Beheim d. Ä. die reichsstädtischen Kaiserstallungen mit Kornspeicher im Obergeschoss. Damit umfasste die Burganlage die drei voneinander getrennten Komplexe, die noch heute ihr Erscheinungsbild bestimmen: die Kaiserburg (der weitaus größte Teil), die Burggrafenburg sowie die reichsstädtischen Bauten (Kaiserstallungen, Luginsland und Bastionen). Hinzukam die im Norden und Westen 1538 errichtete Burgbastei mit drei Bollwerken, ein Teil der Stadtmauer. Mit dem Niedergang Nürnbergs im 16. Jh. verfiel auch die Burg allmählich. Erst nach der Auflösung der Reiches 1806 und der anschließenden Eingliederung der Stadt in das neue Königreich Bayern interessierte man sich dank der romantischen Begeisterung für das Mittelalter wieder für die Burg. Die Könige Ludwig I. und Maximilian II. ließen 1833–35 und 1851–58 die Innenräume im neugotischen Stil umgestalten. Aber unter den Nationalsozialisten hat man diese Ausstattung wieder beseitigt, um im Geist der »schöpferischen Denkmalpflege« den vermeintlichen mittelalterlichen Urzustand wiederherzustellen. Die Bomben des Zweiten Weltkriegs beschädigten die Burg bis auf Teile des Palas und die Doppelkapelle schwer. Der Wiederaufbau in den Nachkriegsjahren orientierte sich am Zustand vor der Zerstörung.

Wer den Burgberg hinaufgeht, blickt zunächst rechts auf die **Kaiserstallung** mit dem für Kornhäuser charakteristischen steilen Satteldach, an dessen zahlreichen Fenstern man von außen die fünf übereinanderliegenden Dachböden nachvollziehen kann; heute befindet sich hier eines der schönsten Jugendgästehäuser Deutschlands. Rechts davon ragt der hohe Turm **Luginsland** aus mächtigen Bossenquadern auf. Die linke Seite flankiert der **Fünfeckturm**, der wie die weiter westlich liegende **Walpurgiskapelle** und das **Burgamtmannsgebäude** zu den Resten der **Burggrafenburg** gehört. Von der vorgelagerten **Freiung** hat man einen herrlichen Ausblick über die Altstadt. Durch ein Tor gelangt man in den großen Komplex der **Kaiserburg**. Zuerst betritt man die Vorburg um den äußeren

Blick über die Dächer der Stadt auf die Kaiserburg

Hof: Dazu gehören der runde, 41 Meter hohe **Sinwellturm** (*sinwell*: mittelhochdeutsch für ›gewaltig rund‹) aus Buckelquadern, der Bergfried der staufischen Burg aus dem 13. Jh., sowie ferner mehrere Fachwerkbauten des 15./16. Jh.s, darunter das Brunnenhaus über dem **Tiefen Brunnen**, der mit einem 50 Meter tief in den natürlichen Felsen gebohrten Schacht aus dem 12. Jh. die Wasserversorgung der Burg sicherstellte. Ganz links erhebt sich ein weiterer Turm, der sog. **Heidenturm**, der Chorturm der Palastkapelle. Diese Kapelle gehört schon zur eigentlichen Kaiserburg.

Der **Kernbereich der Kaiserburg** liegt um den **inneren Burghof**; hier befand sich der Wohn- und Repräsentationsbereich für die Aufenthalte des Reichsoberhaupts: Der langgestreckte, auf die Stadt ausgerichtete Bau des **Palas**, der sich der unregelmäßigen Form des natürlichen Felsens anpasst, umfasst einen Saalbau mit zwei übereinanderliegenden Sälen und einen Wohntrakt. Den ebenerdigen **Rittersaal**, Empfangs- und Gerichtssaal des Kaisers aus dem 15. Jh., teilen Holzstützen, die die schwere Holzbalkendecke tragen, in zwei Schiffe. Ein gotisches Spitzbogenportal, flankiert von Fresken (im 17. Jh. erneuert) mit Kaiser Friedrich III. und seinem Sohn Maximilian I., führt in die **Doppelkapelle**, den kunsthistorisch bedeutendsten Teil der Burg. Dieser staufische Bau in romanischen Formen des späten 12. / frühen 13. Jh.s besteht aus zwei übereinanderliegenden, quadratischen Kapellen aus drei mal drei Jochen und einem angefügten Chor in einem eigenen Turm, dem Heidenturm. Die untere Kapelle ist die Margaretenkapelle, eine gedrungen proportionierte Unterkirche mit schweren Gewölben auf wuchtigen Rundpfeilern mit schönen Kapitellen mit figürlichem Schmuck; sie war einst die Kapelle für die niedere Gefolgschaft und ist deswegen vom äußeren Burghof zugänglich. Die Kaiserkapelle darüber ist mit der unteren Kapelle durch eine quadratische Öffnung im Zentrum räumlich und akustisch verbunden. Sie ist ein frühes Beispiel einer lichten Hallenkirche mit steilen Raumproportionen und schlanken, aus Italien importierten Marmorsäulen, die das Kreuzgratgewölbe tragen. Diese obere Kapelle war dem Hofstaat vorbehalten, während der Kaiser und seine Familie in der angrenzenden Herrscherempore auf der Westseite Platz fanden, die direkt vom Kaisersaal und den anschließenden Gemächern erreichbar war. Um 1520 wurde für Kaiser Karl V. in die Empore ein Oratorium eingebaut, das wahrscheinlich der Schüler Dürers, Hans Springinklee, ausmalte. Die Empore distanzierte den Kaiser nochmals von seinen Untertanen. Die Doppelkapelle gilt als herausragendes Beispiel der spezifisch deutschen Variante der Herrscherkapelle, in der die hierarchische Struktur der Gesellschaft durch die Zweigeschossigkeit architektonisch zum Ausdruck kommt. Von der heutigen Ausstattung sind zu beachten:

das geschnitzte Holzkruzifix aus der Werkstatt von Veit Stoß auf dem Hauptaltar (um 1500) sowie vier spätgotische Schnitzfiguren, Reste des Altars (verbrannt), den Kaiser Friedrich III. 1487 für die Kapelle stiftete. Den oberen Saal des Palas, den über dem Rittersaal gelegenen und wie dieser durch eine Reihe von Holzstützen geteilten **Kaisersaal**, nutzten der Kaiser und die Hofgesellschaft als Fest- und Speisesaal. Im anschließenden **Kaiserappartement**, den Wohnräumen des Herrschers, haben sich noch Teile der spätgotischen Wandvertäfelung und eine Holzdecke mit dem Reichsadler erhalten. In diesen Räumen wird eine Dauerausstellung zum Heiligen Römischen Reich und zur Rolle Nürnbergs im Spätmittelalter gezeigt. Hier ist auch ein Modell der Stadtanlage Nürnbergs von 1540 zu sehen, das älteste topographische Modell einer deutschen Stadt überhaupt. Im **Kaiserburgmuseum** in der anschließenden **Kemenate** erläutert eine Ausstellung die baugeschichtliche Entwicklung und die historische Bedeutung der Burg; außerdem ist eine bedeutende Sammlung von Waffen und Rüstungen ausgestellt, ferner wissenschaftliche Instrumente aus der 1678–1797 auf der Burg eingerichteten Sternwarte.

Tiergärtnertorplatz (I D2): Der unterhalb der Burg gelegene Platz mit dem gleichnamigen Stadttor, dem Pilatus- und dem Dürerhaus gehört zu den schönsten Plätzen Nürnbergs. Hier gewinnt man noch einen Eindruck von der mittelalterlichen Altstadt, wie sie bis zum Zweiten Weltkrieg bestand. Das **Pilatushaus** (Obere Schmiedgasse 66, I D2), das sich 1489 ein Harnischmacher erbaute, ist ein typisch spätgotisches Wohnhaus: mit Erdgeschoss aus Sandstein, den Obergeschossen in Fachwerk und einem steilen Satteldach.

◆ Das **Albrecht-Dürer-Haus** (I D2) ist eines der bedeutendsten und besterhaltenen spätmittelalterlichen Bürgerhäuser Nürnbergs. Es besitzt die für diesen Haustyp charakteristische Bauform aus zwei unteren Geschossen aus Sandstein, zwei

Albrecht-Dürer-Haus

Obergeschossen aus Fachwerk und einem hohen Krüppelwalmdach mit Zwerchhaus. Zugleich ist es ein frühes Beispiel für einen Künstlerwohnsitz, auch wenn das Anwesen nicht von Anfang an diese Funktion hatte. Dürer erwarb das um 1420 errichtete und 1503/04 umgebaute Kaufmannshaus im Jahr 1509 als 38-Jähriger, als er soeben zum Mitglied des Äußeren Rats der Stadt ernannt worden war. Hier lebte und arbeitete er bis zu seinem Tod 1528, ohne große Veränderungen vorzunehmen. In dem anspruchsvollen Gebäude in attraktiver Lage kommen Dürers hohe soziale Stellung als angesehener, wohlhabender Bürger der Stadt und das neue Selbstbewusstsein eines Künstlers am Beginn der Renaissance zum Ausdruck. Da das Haus schon bald nach dem Tod seiner Ehefrau 1539 nicht mehr in Familienbesitz war, hat sich vom Hab und Gut Dürers nichts erhalten. 1826 erwarb es die Stadt Nürnberg (es war mittlerweile verwahrlost) und ließ es restaurieren, um hier zunächst eine Dürer-Gedenkstätte (eine der frühesten für einen bildenden Künstler weltweit) und 1871 schließlich ein Museum zu Leben und Werk Dürers einzurichten (s. S. 139). Den Zweiten Weltkrieg überlebte das Haus ohne große Zerstörungen. Das Innere zeigt die für Bürgerhäuser typische Aufteilung. Die ebenerdige Eingangshalle nutzte Dürer – auch Drucker und Verleger seiner Werke – wohl wie der kaufmännische Erbauer als Lager- und Verkaufsraum. Im Obergeschoss lagen die Wohnräume in typisch spätmittelalterlicher Abfolge von repräsentativer beheizter Stube und Kammer, heute in der historistischen Ausstattung des 19. Jh.s mit Holzvertäfelungen, Wandschränken und schweren Möbeln. Lediglich die Küche hat weitgehend den originalen Zustand aus Dürers Zeit bewahrt. Ob die Werkstatt aber tatsächlich wie heute eingerichtet im größten Raum im zweiten Obergeschoss lag, lässt sich nicht mehr rekonstruieren.

Felsengänge (I D2): Seit dem 14. Jh. ist in den Sandsteinfelsen unterhalb des Burgbergs ein über 20 000 Quadratmeter großes und bis zu vier Etagen tiefes Labyrinth unterirdischer Gänge geschlagen worden. Sie dienten zur Lagerung von Bier und Lebensmitteln (gleichbleibend niedrige Temperatur von 8–10 Grad) sowie zur Gewinnung und Weiterleitung von Wasser. Diese **Lochwasserleitungen** versorgten Nürnberg bis ins frühe 20. Jh. mit Trinkwasser. Ein ausgeklügeltes System von Lüftungsschächten garantierte einen selbstständigen Luftaustausch. Im Zweiten Weltkrieg fanden hier viele Menschen Schutz vor den Luftangriffen. Damals hat man einen Teil der Anlage zum **Historischen Kunstbunker** ausgebaut, um hier berühmte Kunstschätze einzulagern und damit vor der Kriegszerstörung zu retten (Treffpunkt für Besichtigungen der Felsengänge: Bergstraße 19, für den Kunstbunker: Obere Schmiedgasse 32).

Albrecht-Dürer-Denkmal (Albrecht-Dürer-Platz, I D2): Der bayerische Kronprinz Ludwig, der spätere König Ludwig I., ließ das Standbild des berühmtesten Sohns der Stadt 1840 nach Entwürfen des prominenten Berliner Bildhauers Christian Daniel Rauch errichten. Es war das erste öffentlich aufgestellte Denkmal eines bildenden Künstlers in Deutschland.

Das **Schürstabhaus** (Albrecht-Dürer-Platz 4, I D2) ist einer der bedeutendsten Patriziersitze Nürnbergs. Die Fenster in der Fassade sind unregelmäßig verteilt – das Anwesen ist aus zwei Häusern hervorgegangen: Sie wurden um 1200 errichtet, zwischen 1390 und 1406 umgebaut und 1482/83 zu einem mächtigen, mehrgeschossigen Sandsteinhaus mit hohem Satteldach mit Erker vereint. Eine Besonderheit ist die damals angelegte gotische Hauskapelle mit Sterngewölbe. Nach Kriegsschäden wurde das Gebäude erst 1995–97 vollständig restauriert. Erst damals erhielt der Bau den Namen Schürstabhaus, nach der Patrizierfamilie, die hier zwischen 1328 und 1487 ihren Wohnsitz hatte.

Sebalder Pfarrhof (Albrecht-Dürer-Platz 1, I D2): Der im 14. Jh. erbaute Wohn- und Amtssitz des Pfarrers von St. Sebald (zur Kirche s. S. 39) ist berühmt für das gotische »Chörlein«, das die Bauhütte des Chors von St. Sebald um 1370 errichtete. Solchen Erkern an der Fassade, die wie hier ursprünglich Apsiden von kleinen Hauskapellen waren, begegnet man bei mehreren Nürnberger Profanbauten. Allerdings fällt der kleine polygonale Chor des Pfarrhofs durch seine ungewöhnlich reiche gotische Gestaltung mit dreiteiligen Maßwerkfenstern und Fialen sowie Reliefs in der Sockelzone mit Szenen aus dem Leben Christi und Mariens auf: ein Kirchenchor in Miniaturformat (seit 1907 Kopie, Original im Germanischen Nationalmuseum). Der einfache, nach 1361 erbaute Innenhof gilt als der älteste der Stadt.

Historische Altstadtgassen: Nach den schweren Zerstörungen des Zweiten Weltkriegs gibt es heute in der Altstadt nur noch sehr wenige Straßen mit historischer Hausbebauung. ◆ Zu den besterhaltenen Straßenzügen zählt die **Weißgerbergasse** (I C–D2). Sie ist größtenteils von Fachwerkhäusern des 16./17. Jh.s gesäumt – hier gewinnt man noch einen authentischen Eindruck vom ursprünglichen Aussehen eines Nürnberger Handwerkerviertels. Der Name der Straße kommt von den einst hier ansässigen Weißgerbern, die feines Leder herstellten. Die zwar schmalen, aber drei- bis viergeschossigen Häuser lassen auf einen gewissen Wohlstand des – wenn auch geruchsintensiven – Gewerbes schließen. Wie für Nürnberg typisch, stehen die Häuser nicht mit dem Giebel, sondern mit der Traufseite zur Straße. Mit Unterstützung der »Altstadtfreunde Nürnberg« wurde das Ensemble aufwendig restauriert. Auch in der **Füll** (I D2) sowie in der **Albrecht-Dürer-Straße** (I D2) und in der **Bergstraße** (I D2) hat historische Hausbebauung den Zweiten Weltkrieg überstanden; dort stößt man zumeist auf aufwendigere Bürger- und Kaufmannshäuser.

Weißgerbergasse

Hallersches Haus (I D2): Das Anfang des 16. Jh.s von der Familie Haller erbaute Haus erhielt 1611 seine heutige Fassade mit einem reich verzierten Giebel im Stil der deutschen Spätrenaissance. Der Innenhof verfügt über die für Nürnberger Häuser typische hölzerne Galerie. Nach Kriegszerstörungen wurde das Gebäude wiederhergestellt, und seit 1971 beherbergt es das **Spielzeugmuseum** (s. S. 144).

St. Sebald (I D2) ist die älteste und wichtigste Pfarrkirche Nürnbergs. Auch nach dem Bau von St. Lorenz konnte sie immer ihre Vorrangstellung behaupten. Denn hier versammelte sich der Stadtrat, bevor er im benachbarten Rathaus zusammentrat – nicht zufällig wohnten die aus der städtischen patrizischen Oberschicht stammenden Ratsmitglieder mit ihren Familien im umliegenden Viertel. Kam der Kaiser nach Nürnberg, besuchte er nach einem feststehenden Ritual als Erstes die Sebalduskirche. Das Grab mit den Gebeinen des hl. Sebald, der in Nürnberg schon vor seiner offiziellen Heiligsprechung 1425 hoch verehrt wurde – im 14. Jh. stieg er zum Stadtpatron auf –, machte die Kirche außerdem zu einem wichtigen Wallfahrtsziel. Diese politische und religiöse Bedeutung der Kirche kommt nicht nur in ihrer Architektur, sondern auch in der reichen, hochkarätigen Ausstattung mit Bildwerken zum Ausdruck: Trotz mancher Verluste seit der Reformationszeit gehört St. Sebald zusammen mit St. Lorenz heute zu den bestausgestatteten Kirchenbauten der deutschen Spätgotik – hier bietet sich eine seltene Möglichkeit, mittelalterliche religiöse Kunstwerke im originalen Kontext zu erleben.

Der im Auftrag des Stadtrats errichtete Kirchenbau entstand im Wesentlichen in drei Phasen, die sich deutlich an der Architektur ablesen lassen. Zwischen 1230/40 und 1274, als sich der Rat als politisches Gremium etablierte, entstand anstelle einer älteren Kapelle eine kreuzförmige, dreischiffige Pfeilerbasilika mit westlicher Doppelturmfassade mit polygonalem Chor, dem Hauptchor mit Krypta im Osten. Von dieser Kirche im spätromanisch-frühgotischen Stil nach dem Vorbild des Bamberger Doms – Nürnberg gehörte damals zum Bistum Bamberg – bestehen heute noch die Doppelturmfassade (der Chor und die oberen Geschosse der Türme wurden im 14. und Ende des 15. Jh.s verändert bzw. aufgestockt) sowie das Mittelschiff des Langhauses. Ab 1309 wurden die Seitenschiffe bis auf die Flucht des Querhauses verbreitert und in hochgotischen Formen neu eingewölbt. Wirtschaftlicher Erfolg und gestiegenes politisches Selbstbewusstsein der Bürgerschaft sowie die wachsenden Pilgerströme zum Grab des hl. Sebald veranlassten den Rat, 1361–79 den spektakulären gotischen Hallenchor zu errichten. Es war ein Zeichen der Emanzipation vom alten Diözesanherrn, dem Bamberger Bischof, damals auch das alte Patrozinium des hl. Petrus (Patron des dortigen Doms) durch das des hl. Sebald zu ersetzen. Trotz umfangreicher Restaurierungen um 1900 ist die Kirche bis zu den Zerstörungen des Zweiten Weltkriegs 1945 in ihrer mittelalterlichen Bausubstanz weitgehend erhalten geblieben. Bis 1957 wurden die zerstörten Teile rekonstruiert. Wichtige Ausstattungsstücke überlebten den Krieg, da sie ausgelagert worden waren.

Das Erscheinungsbild der Kirche ist sowohl am **Außenbau** als auch im Inneren vom scharfen Gegensatz zwischen dem schlichteren spätromanisch-frühgotischen Langhaus mit der Zweiturmfassade und dem wesentlich größeren spätgotischen Hallenchor bestimmt. Der Einfluss der Hauptkirche des Bistums, des Bamberger Doms des späten 12. / frühen 13. Jh.s, zeigt sich vor allem an der **Westfront**: an den Doppeltürmen und der polygonal hervortretenden Apsis sowie an Details wie den geschossweisen Bogenfriesen, den Runddiensten der Apsis (deren gotische Fenster entstanden erst im 14. Jh.) und den Gewändeportalen in den Türmen. Die vier **Portale**, die in der ersten Hälfte des 14. Jh.s im Zusammenhang mit dem Neubau der Seitenschiffe angelegt wurden, sind wegen ihrer Skulpturenausstattung kunsthistorisch bedeutend – es waren die ersten größeren bildhauerischen Arbeiten in Nürnberg; dafür berief man Steinmetze auswärtiger Bauhütten, etwa aus Mainz und Straßburg. Das älteste, das **Weltgerichtsportal** (1 – die Ziffern beziehen sich auf den Grundriss auf S. 43) von 1310/15 auf der Südseite, zeigt im Tympanon das bei Portalen, so etwa am Fürstenportal des Bamberger Doms, beliebte Thema des *Jüngsten Gerichts* mit Christus als Weltenrichter über die Erlösten, die ins Himmelreich ziehen, und die zur Hölle Verdammten. Durch das **Dreikönigsportal** (2) von etwa 1330 mit der *Anbetung der Hl. Drei Könige* betrat der Kaiser die Kirche. Auch das **Marienportal** auf der Nordseite (3) von etwa 1320 zeigt Reliefschmuck im Tympanon (*Marientod, Grabtragung* sowie *Marienkrönung*), das **Brautportal** (4; um 1320/30) hingegen Gewändefiguren: *Die klugen und die törichten Jungfrauen*; dieses Thema nimmt Bezug auf die mittelalterliche Sitte der hier öffentlich im Freien vollzogenen Eheschließungen. Die beliebte Figur *Fürst der Welt* war ursprünglich daneben aufgestellt (sie steht heute im Kircheninneren direkt beim Portal; 5): Von vorne sieht man einen verführerisch lächelnden Jüngling, seine Rückseite aber ist nackt und wird von allerlei Getier zerfressen – als Symbol für die Vergänglichkeit irdischer Schönheit eine moralisierende Ermahnung an die jungfräulichen Bräute. Ein besonderes Merkmal des Portals ist das üppige Maßwerk des Bogens.

Zahlreiche Epitaphien zum Totengedächtnis auf der Außenwand der Kirche erinnern daran, dass früher der Pfarrfriedhof die Kirche umgab. Kunsthistorisch bedeutend ist das **Schreyer-Landauer-Grabmal** (6) von 1492, neben dem Sakramentshaus in St. Lorenz das Hauptwerk des Bildhauers Adam Kraft. Die drei Sandsteinreliefs, die wie ein geöffneter Flügelaltar zwischen zwei Strebepfeilern der Choraußenwand angeordnet sind, dienten als Schmuck der darunter gelegenen Gräber der miteinander verschwägerten Familien der Auftraggeber Sebald Schreyer und Matthäus Landauer. Von rechts nach links sind dargestellt (dies entspricht der Richtung der um die Kirche ziehenden Prozessionen): *Kreuztragung, Rückkehr des Volkes von der Kreuzigung, Grablegung* und *Auferstehung Christi*, und un-

---

Grundriss von St. Sebald (die Ziffern verweisen auf die im Text genannten Ausstattungsstücke)

1 Weltgerichtsportal, 2 Dreikönigsportal, 3 Marienportal, 4 Brautportal, 5 *Fürst der Welt,* 6 Schreyer-Landauer-Grabmal, 7 *Zwölf Apostel* und Heilige, 8 Schmerzensmann der Holzschuher, 9 Epitaph für Ursula Imhoff, 10 Erhardaltar, 11 *Kreuztragung Christi*, 12 Jakobsaltar, 13 Madonna der Familie Schatz, 14 Strahlenkranzmadonna, 15 Sebaldus-

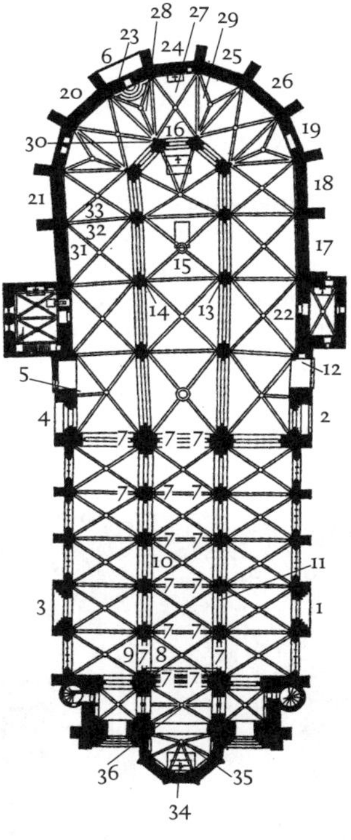

grab, 16 Wickelsches Kruzifix, 17 Behaimfenster, 18 Schürstabfenster, 19 Hallerfenster, 20 Stromerfenster, 21 Tucherfenster, 22 Volckamerfenster, 23 Bambergerfenster, 24 Kaiserfenster, 25 Markgrafenfenster, 26 Pfinzingfenster, 27 Petersaltar, 28 Sakramentsnische, 29 Volckamersche Gedächtnisstiftung, 30 Epitaph für Barbara Tucher, 31 Epitaph für Dr. Lorenz Tucher, 32 *Hl. Andreas,* 33 *Hl. Johannes,* 34 Katharinenaltar, 35 Epitaph für Katharina Löffelholz, 36 Taufbecken ter den Szenen jeweils kniend die zahlreichen Mitglieder der Stifterfamilien. Die kräftig modellierten, bis in alle Details ausgearbeiteten Reliefs sind bis an die Bildränder dicht mit Figuren sowie Landschafts- und Architekturelementen gefüllt, gelegentlich sind sie ohne klare räumliche Bezüge übereinandergetürmt.

Das **Innere des Langhauses** zeigt wie der Bamberger Dom den Einfluss frühgotischer Zisterzienserarchitektur, etwa des fränkischen Klosters Ebrach, auf die romanische Baukunst Deutschlands. Der wuchtig erscheinende Massenbau des Mittelschiffs mit kräftigen Wandvorlagen und wulstigen Rippen des Kreuzgratgewölbes ist noch romanischen Formprinzipien verpflichtet. Aber die steilen Raumproportionen, der dreiteilige Wandaufriss aus spitzbogigen, abgestuften Pfeilerarkaden,

St. Sebald, Langhaus, Blick Richtung Hauptchor

kleiner Bogengalerie (Triforium) und Obergaden mit – allerdings noch kleinen – Fenstern sowie das konsequente Gliedergerüst aus Wanddiensten, die jeweils eine Gewölberippe tragen: Alle diese Elemente verweisen schon auf die frühe Gotik. Vor allem Details wie die gekrümmten Hornkonsolen der seitlichen Dienste oder die eckigen Scheidbögen der Gewölbe erinnern an Bauten der Zisterzienser. Im Vergleich dazu erkennt man in den Seitenschiffen die filigraneren Formen der Hochgotik des frühen 14. Jh.s, etwa in den dünnen, kantigen Rippen des Kreuzgratgewölbes und der Maßwerkfenster.

Auf der Ostseite des engen Langhauses öffnet sich unvermittelt der ungleich weiter und ›luftiger‹ wirkende spätgotische **Hallenchor** mit drei gleich hohen, kreuzgratgewölbten Schiffen und einem Umgang: eines der großartigsten und bedeutendsten Beispiele dieser Chorform, die seit dem 14. Jh. bei bürgerlichen Pfarrkirchen beliebt war. Dank der steilen, bis ins Gewölbe hinaufragenden Arkaden auf schlanken, abgeschrägten Pfeilern und der riesigen Fenster, die die Außenmauern in Glaswände aufzulösen scheinen, entsteht der Eindruck, als würden Binnenchor und Umgang zu einem lichten, weiten Einheitsraum verschmelzen. Einige architektonische Kunstgriffe verstärken den Eindruck räumlicher Weite. Da die Tiefe der Joche nach Osten leicht abnimmt, während ihre Breite zunimmt, entsteht ein perspektivischer Effekt: Der Chor wirkt größer, als er tatsächlich ist. Die Pfeilerarkaden des Binnenchors stehen außerdem auf einem Grundriss, der eine geringere polygonale Brechung (fünf Seiten eines Achtecks) besitzt als die Außenwand des Umgangs (neun Seiten eines Sechzehnecks): So konnten die Pfeilerarkaden weiter geöffnet werden – mit der Folge, dass sich im Chorumgang dreieckige und viereckige Joche mit entsprechenden Gewölbeformen abwechseln. Diese architektonische Neuerung hatte der Architekt Peter Parler 1351 in der Kirche von Schwäbisch Gmünd eingeführt. Da die Pfeilerarkaden von St. Sebald aber noch nicht so weite Spannweiten haben wie in späteren Chören, etwa in St. Lorenz, ist der Raumeindruck einer weiten Halle weniger ausgeprägt als dort.

Die **Ausstattung**, die im Wesentlichen zwischen dem 14. und dem frühen 16. Jh. entstand, verdankt sich den Stiftungen einflussreicher wohlhabender Patrizierfamilien, die im Rat vertreten waren – anders als in St. Lorenz war es in der Hauptpfarrkirche der Stadt nur der politischen Führungsschicht erlaubt, Altäre, Gräber, Epitaphien, Skulpturen, Totenschilde und Glasmalereien in Auftrag zu geben. Dieses Stifterengagement hatte nicht nur mit Frömmigkeit zu tun, sondern auch mit dem Selbstdarstellungsbedürfnis der miteinander um Macht und Ansehen rivalisierenden Familien. Allerdings konnte sich das Repräsentationsbedürfnis der Patriziergeschlechter nicht unkontrolliert entfalten. Der städtische Rat regelte, wie sich die Stiftungen von Altären und anderen Bildwerken entsprechend den liturgischen Erfordernissen angemessen in der Kirche verteilen sollten. Aus der ersten, hochgotischen Ausstattungsphase um 1340 haben sich noch die steinernen Statuen der ***Zwölf Apostel*** und die **Heiligenfiguren** an den Langhauspfeilern erhalten (7). Wenige Jahrzehnte später, um 1370/90, entstanden meist im Zusammenhang von Familiengrablegen mehrere Figuren von **Schmerzensmännern**, so etwa die Figur der Familie Holzschuher (vor 1379; 8). Sehenswert sind im Langhaus außerdem: das **Epitaph für Ursula Imhoff** mit einer *Marienkrönung* oberhalb der Stifterfamilie (1511; 9), ein Andachtsbild zur Erinnerung an die Verstorbene; der **Erhardaltar** (10) der Familie Haller vom sog. Tucher-Meister (benannt nach seinem Hauptwerk in der Frauenkirche), der dank seiner Kenntnis des realistischen Stils der frühen Niederländer wie etwa Jan van Eycks die Nürnberger Malerei der Mitte des 15. Jh.s erneuerte, auch wenn der Goldgrund (hier gemustert) noch ein traditionelles Element darstellte; das Relief *Kreuztragung Christi* von

Adam Kraft (um 1500; 11); ferner der **Jakobsaltar** (12) mit gotischer Rahmung mit dem Antlitz Christi von 1342/43 (der älteste erhaltene Rest eines Altars in Nürnberg) und darin eingesetzt dem Retabel der Familie Behaim von 1515, ein Flügelaltar mit geschnitztem Mittelteil und gemalten Seitenflügeln. Zwei wichtige Skulpturen sind außerdem die **Madonna der Familie Schatz** (13) von etwa 1380 und die reich vergoldete **Strahlenkranzmadonna** von etwa 1440 (Künstler unbekannt; 14) mit Maria, die, umgeben von himmlischen Strahlen, von Engeln auf der Mondsichel getragen und bekrönt wird: eine der frühesten Darstellungen der Unbefleckten Empfängnis Mariens.

Im Zentrum des Chors steht das **Sebaldusgrab** (15), ein Hauptwerk der deutschen Skulptur am Übergang von der Gotik zur Renaissance. Seit dem Bau des Hallenchors im späten 14. Jh. werden die Gebeine des Stadtpatrons in einem mit Silberblech verkleideten Schrein aufbewahrt, den zahlreiche Reichsadler und Stadtwappen zieren. 1488 beschloss der Rat der Stadt, für diesen Schrein ein offenes architektonisches Gehäuse anfertigen zu lassen, um die verehrten Reliquien des 1425 in Rom offiziell heiliggesprochenen Heiligen besser zu schützen und wirkungsvoller zu inszenieren. Nach mehreren Planwechseln führten der Bildhauer Peter Vischer d. J. und seine Werkstatt das bronzene Grabmonument in den Jahren 1508/09 und 1515–19 endlich aus – ein Meisterwerk der Gießtechnik, bei der auch das in Italien angewendete Verfahren des Abgusses nach der Natur, etwa von Stoffen, und der unziseliert belassenen Oberfläche benutzt wurde. Für die ungeheuer hohen Kosten von 3145 Gulden – das war mehr als das Vierfache des Preises für das Wohnhaus von Albrecht Dürer – kamen zum großen Teil namhafte Patrizier auf, den Rest glich die Stadtkasse aus. Der alte Schrein ist, auf einen Sockel erhoben, gut sichtbar in eine prachtvolle, reich mit Figuren besetzte Baldachinarchitektur aus steilen Arkaden und drei turmartigen

St. Sebald, Sebaldusgrab

Bekrönungen gestellt. Er konnte zu bestimmten Anlässen herausgenommen werden, etwa am 19. August, dem Namenstag des Stadtpatrons, wenn zwölf Ratsherren ihn in einer feierlichen Prozession durch die Stadt trugen. Der Bildschmuck ist z. T. für ein Heiligengrab ungewöhnlich: Hier findet man nicht nur die *Zwölf Apostel* und den *Hl. Sebald* (an den dünnen Pfeilern des Gehäuses), Propheten, Putten und musizierende Engel (auf den Bekrönungen) sowie Szenen aus dem Leben des Heiligen (auf dem Sockel des eigentlichen Schreins); in der Sockelzone des Gehäuses sitzen auch nackte Männergestalten, darunter *Herkules* und *Theseus*, sowie vier weibliche Tugendfiguren und antike Götter. Diese Kombination christlicher Darstellungen mit Figuren der heidnisch-antiken Mythologie verdankt sich wohl der humanistischen Gesinnung der Nürnberger Oberschicht in der Zeit um 1500. Dass sich der Bildhauer

Peter Vischer gleichberechtigt als vollplastische Figur in das Bildprogramm einfügte (an einer Schmalseite des Schreins), zeugt vom gestiegenen Selbstbewusstsein der Künstler am Beginn der Frühen Neuzeit.

Hinter dem Sebaldusgrab, oberhalb des einstigen Hochaltars, hängt das 1520 von Niclos Wickel bei Veit Stoß in Auftrag gegebene Kruzifix (**Wickelsches Kruzifix**; 16). Der bedeutende spätgotische Bildschnitzer verzichtete auf die drastische Darstellung des Leidens des Gekreuzigten und zeigt stattdessen einen schönen, anatomisch korrekt erfassten Körper mit einem – dies typisch für die zahlreichen Kruzifixe von Stoß – kunstvoll geschlungenen Lendentuch. Erst 1823 wurde das Werk mit den Figuren von *Maria* und *Johannes* (1506–08; ebenfalls von Stoß) zu einer Kreuzigungsgruppe kombiniert.

Zu den herausragenden Sehenswürdigkeiten im **Chor** zählen auch die fünfzehn farbigen **Glasfenster**, die in zwei Phasen im späten 14. Jh. sowie Ende des 15. / Anfang des 16. Jh.s entstanden sind. Welchen Stellenwert die farbigen Glasmalereien damals hatten, zeigt das sog. »Fensterrecht«, die vom Rat der Stadt festgelegte und kontrollierte Regel, wer welches dieser sehr teuren Fenster stiften durfte. Die drei zentralen Fenster im Chorhaupt waren den höchsten weltlichen und geistlichen Herren Nürnbergs vorbehalten: das mittlere dem Kaiser als oberstem Stadtherrn, das Fenster links davon dem Bischof von Bamberg als oberstem Diözesanherrn und das auf der rechten Seite dem Nürnberger Burggrafen als weltlichem Statthalter. Die übrigen Fensterrechte vergab der Rat an Patrizierfamilien, die einen der turnusmäßig wechselnden Bürgermeister stellten – es war also ein großes Privileg, ein Fenster stiften zu dürfen. Obwohl sich die Fenster genau betrachtet in einem schlechten Erhaltungszustand befinden (vor allem die schwarze Binnenzeichnung, das sog. Schwarzlot, mit dem die Detailformen herausgearbeitet wurden, ist verloren), gewinnt man noch einen guten Eindruck von zwei wichtigen Epochen der Nürnberger Glasmalerei: Die frühen Beispiele des späten 14. Jh.s gehören zu den ältesten Zyklen, die sich in der Stadt finden. Sie füllten einst die gesamten Fensterflächen aus, wurden aber um 1500 im oberen Bereich durch helle Butzenscheiben ersetzt, um dem Bedürfnis nach mehr Licht im Kircheninneren nachzukommen. Ein noch relativ gut erhaltenes Beispiel ist das nach der Stifterfamilie benannte **Behaimfenster** (17) – die Familienmitglieder und ihre Wappenschilde sind wie üblich auf den unteren Scheiben zu sehen. Für den Stil charakteristisch sind die üppigen Scheinarchitekturen aus vielen, dekorativ übereinandergesetzten Nischen und Türmchen ohne einheitliche Perspektive sowie die wuchtigen Figuren nach Art der gleichzeitigen Skulpturen der Parler. Auf diese frühe Phase gehen auch die meisten anderen Fenster zurück, darunter das **Schürstab**- (18), das **Haller**- (19), das **Stromer**- (20) und das **Tucherfenster** (21), auch wenn nicht mehr alle die originale Zusammensetzung aufweisen. Aus der letzten Blütezeit der Nürnberger Glasmalerei um 1500 stammen das **Volckamerfenster** von 1488 (22), das **Bambergerfenster** von 1501/02 nach einem Entwurf von Albrecht Dürer (23), das **Kaiserfenster** von 1514 (24), das **Markgrafenfenster** von 1514/15 nach einem Entwurf von Hans von Kulmbach (25) – eine Stiftung des Nachfolgers der Nürnberger Burggrafen, des hohenzollernschen Markgrafen von Brandenburg-Ansbach – und das **Pfinzingfenster** (26) von 1515, ebenfalls von Dürer entworfen. Alle diese Fenster führte der Stadtglaser Veit Hirsvogel d. Ä. technisch brillant aus. Vor allem am **Kaiserfenster** (24), das Kaiser Maximilian I. bei Albrecht Dürer und Hans von Kulmbach in Auftrag gab, sind die sensationellen stilistischen Neuerungen der Renaissance zu sehen: In eine nach den Gesetzen der Zentralperspektive komponierte Scheinarchitektur, die einen einheitlichen Bildraum schafft, sind monumentale, plastisch modelliert wirkende Figuren (der Kaiser, seine Gemahlin sowie deren Sohn und Gemahlin) in Untersicht eingestellt.

Weitere wichtige Ausstattungsstücke im **Chorumgang**:

Der **Petersaltar** (27) ist ein 1476/77 von Nikolaus Topler gestiftetes Flügelretabel mit vollplastischer, reich vergoldeter Figur des thronenden hl. Petrus, flankiert von Engeln im Mittelschrein. Die **Sakramentsnische** (um 1370/80; 28) zur Aufbewahrung geweihter Hostien (Schrank mit original erhaltener Tür) fasst eine spätgotische Kleinarchitektur mit zahlreichen Figuren ein, darunter *Hl. Petrus* und *Hl. Paulus* sowie die beiden Stifter *Ulrich Groland* und *Niklaus Muffel* (ganz außen unten) und die *Grablegung Christi*. Die **Volckamersche Gedächtnisstiftung** (29) von 1497–99 ist nach ihrem Stifter Paul Volckamer benannt, Kirchenpfleger von St. Sebald und als Vorderster Losunger (Verwalter der städtischen Finanzen) und Reichsschultheiß einer der mächtigsten Männer der Stadt. Die drei in die Chorwand eingelassenen, jeweils aus einem Block gearbeiteten Sandsteinreliefs von Veit Stoß stellen Szenen aus der Passion Christi dar (*Letztes Abendmahl, Christus am Ölberg* und *Gefangennahme Christi* mit der Signatur des Bildhauers); auffallend sind die teilweise bis zum Rand der Reliefs dicht aneinandergedrängten, lebensnah wiedergegebenen Figuren; ihre ausdrucksstarke Mimik und Gestik sollen den Betrachter emotional ansprechen und ihm während des Gebets die Passion nahebringen, denn das Werk entstand für eine von Volckamer gestiftete Andacht, die hier jeden Donnerstag zur Erinnerung an das biblische Geschehen am Gründonnerstag abgehalten wurde. Zur Stiftung gehören auch die beiden Holzfiguren des Schmerzensmannes und der *Schmerzhaften Maria* (ebenfalls von Stoß) an der Wand.

Im nördlichen Chorumgang sind mehrere Stiftungen von Angehörigen der Familie Tucher vereint – denn hier befand sich ihre Gruft –, darunter: das **Epitaph für Barbara Tucher**

(30) von 1485 (vgl. die Inschrift), eine vielfigurige *Kreuztragung und Kreuzigung Christi* mit dem im Vordergrund knienden Auftraggeber Hans VI. Tucher und seinen beiden Ehefrauen und elf Kindern; das **Epitaph für Dr. Lorenz Tucher** (31), das größte jemals geschaffene Epitaph und ein Hauptwerk von Hans von Kulmbach (nach einem Entwurf von Albrecht Dürer) – sein dreiteiliger Aufbau erinnert noch an spätgotische Flügelaltäre, stilistisch macht sich aber der Einfluss der venezianischen Renaissancemalerei bemerkbar; rechts über dem Epitaph die Statue ***Hl. Andreas*** von Veit Stoß (32; um 1507–10 vermutlich im Auftrag von Andreas Tucher geschaffen), eine schon immer unbemalte Skulptur mit auffallend wild bewegten, tief unterschnittenen Gewandfalten und einem zerfurchten Gesicht; daneben die Figur ***Hl. Johannes*** (33) von etwa 1440 aus gebranntem Ton (die farbige Bemalung stammt aus späterer Zeit).

Im **Westchor** sind mehrere Stiftungen der Familie Löffelholz vereint, darunter: der **Katharinenaltar** (34) von 1462/64 aus der Werkstatt von Hans Pleydenwurff, des bedeutendsten Malers Nürnbergs vor Albrecht Dürer, mit Szenen aus dem Leben der hl. Katharina, der Namenspatronin der Ehefrau des Auftraggebers; außerdem das **Epitaph für Katharina Löffelholz** (35; nach 1437) mit der *Geißelung Christi* von Konrad Laib. Das um 1430/40 von einem unbekannten Künstler geschaffene runde **Taufbecken** (36) gehört zu den frühesten Beispielen des Bronzegusses in Nürnberg.

◆ **Altes Rathaus** (I D2): Das wichtigste öffentliche Gebäude Nürnbergs vereinigte mehrere wichtige Funktionen unter einem Dach. Es war der Sitz der bürgerlichen Stadtregierung, des Gerichts und der Verwaltung, ferner Warenhaus und Schauplatz politischer Zeremonien und Feste. Der historisch gewachsene Komplex entstand im Wesentlichen in drei Bauphasen zwischen dem 14. und frühen 17. Jh.: Nach dem Zusammenschluss der beiden Stadtteile Sebald und Lorenz beschloss 1331 der städtische Rat, der bislang im Haus der Tuchmacher am Weinmarkt getagt hatte, gegenüber dem Chor von St. Sebald ein eigenes Rathaus zu bauen – neben der Stadtmauer das wichtigste Symbol kommunaler Selbstständigkeit. Stadtbaumeister Philipp Groß errichtete 1332–40 den **gotischen Saalbau**: Im Keller lagen die berüchtigten **Lochgefängnisse** mit der Folterkammer (man kann sie besichtigen), im Erdgeschoss waren Läden untergebracht, in denen Tuchwaren und Luxusgüter verkauft wurden. Das Obergeschoss mit gotischen Maßwerkfenstern sowie mit einem kleinen Erker und einem abgetreppten Giebel (auf der Ostseite zum Fünferplatz) nimmt den für mittelalterliche Stadtpaläste typischen, großen **Rathaussaal** auf: Hier versammelte sich der städtische Rat, hier wurden Gerichtsverhandlungen und Reichs- und Fürstentage sowie die Huldigung des Kaisers durch das Stadtregiment und andere repräsentative Feierlichkeiten abgehalten. Das Innere dieses 39 mal 12 Meter großen Saals (damals der größte profane Raum nördlich der Alpen) mit hölzernem Tonnengewölbe erhielt 1521–30 eine Wandbemalung nach Entwürfen von Albrecht Dürer. Das gemeinsam mit dem berühmten Nürnberger Humanisten Willibald Pirckheimer entwickelte Bildprogramm zeigte den *Triumphzug Kaiser Maximilians* und die *Verleumdung des Appelles* – es war seinerzeit das größte Wandgemälde Europas (seit dem Zweiten Weltkrieg verloren); Dürer hat es schon 1522 in einem achtteiligen Holzschnitt veröffentlicht. Zur Ausstattung des Rathauses gehörte einst noch eine Sammlung weiterer Gemälde Dürers, darunter die berühmten *Vier Apostel*, die der Künstler der Stadt vermacht hatte, sowie das *Selbstbildnis im Pelzrock* (heute beide in München, Alte Pinakothek).

Den gotischen Ursprungsbau erweiterte Hans Beheim d. Ä. 1514/15 am Fünferplatz (I D2) um den **Ratsstubenbau** mit ei-

Altes Rathaus, Wolffscher Bau

ner spätgotischen Fassade aus Maß- und Stabwerk sowie mit einem kleinen Innenhof mit kunstvoll verziertem Erker. In Konkurrenz zum 1614 begonnenen Augsburger Rathaus ließ die Stadt dann 1616–22 auf der Westseite einen spektakulären Erweiterungsbau nach Entwürfen des städtischen Baumeisters und Steinmetzen Jakob Wolff d. J. anlegen, den sog. **Wolffschen Bau**. Wegen finanzieller Schwierigkeiten des Rats und des Ausbruchs des Dreißigjährigen Krieges 1618 blieb die geplante Vierflügelanlage auf der Ostseite 1622 unvollendet. Gleichwohl prägt der Hauptbau im Westen an der wichtigsten Nord-Süd-Achse durch die Stadt, der Burgstraße, bis heute das Gesicht des Rathauses: ein horizontal gelagerter, dreigeschossiger Bau, der deutlich von italienischen Stadtpalästen der Renaissance wie dem Palazzo Farnese in Rom beeinflusst ist. Das erkennt man an der Fassade mit den regelmäßigen Fensterreihen, den mächtigen Eckquadern und dem kräftigen Abschlussgesims mit Balustrade. Auch die Portale mit den flankierenden Säulen, ihrem Gebälk und dem Sprenggiebel sind ohne südliche Anregungen nicht denkbar. Ihr Skulpturenschmuck macht den ›höheren‹ politischen Anspruch der Reichsstadt deutlich: so der Reichsadler und die Liegefiguren *Gerechtigkeit* und *Weisheit* (1616/17; Christoph Jamnitzer) am Mittelportal, die beiden Nürnberger Stadtwappen und die *Vier Weltreiche* (1617/18, Leonhard Kern) an den Seitenportalen. Die ›Dachlandschaft‹ mit dem Satteldach und den turmartigen Aufbauten orientiert sich allerdings an einheimischen Baugepflogenheiten. Der **Innenhof** mit pilastergegliederten Pfeilerarkaden verweist wieder auf den italienischen Palastbau.

Nach den schweren Zerstörungen im Zweiten Weltkrieg erfolgte 1956–62 die Rekonstruktion des Außenbaus (der Wolffsche Bau wurde nach Norden um zwei Achsen gekürzt und um einen stilistisch nachempfundenen Nordtrakt erweitert). Das **Innere** wurde nur z. T. rekonstruiert, darunter die Eingangshalle, der Kleine Rathaussaal mit der im Krieg ausgelagerten Kassettendecke von 1620 von Hans Wilhelm Beheim und Gemälden von Paul Juvenel sowie der gotische Rathaussaal – allerdings ohne die Ausstattung Dürers, da sie als nicht ausreichend dokumentiert galt. Nachdem in den 1980er Jahren Farbfotografien des Saals entdeckt wurden, die angesichts der drohenden Kriegszerstörungen 1943–45 im Rahmen von Adolf Hitlers »Führerauftrag für Farbaufnahmen von Decken- und Wandmalereien in historischen Bauwerken Großdeutschlands« gemacht worden waren, entbrannte die Debatte um eine Rekonstruktion von Dürers Ausmalung erneut. 2013 kam eine internationale Expertenkommission zu dem Schluss, für eine solche Rekonstruktion fehle es an gesicherten Grundlagen.

Der **Gänsemännchenbrunnen** auf dem Rathausplatz (I D2), um 1550 vom Erzgießer Pankraz Labenwolf nach einem Modell von Hans Peisser gegossen, war wegen seiner ungewöhnlichen figürlichen Darstellung schon immer sehr populär: Anstelle der damals üblichen Heiligen, Herrscher oder antiken Helden und Götter zeigt er einen Bauern mit zwei Gänsen unter dem Arm. Der Brunnen befindet sich erst seit 1945 auf dem Rathausplatz – bis dahin hatte er auf dem Obstmarkt gestanden.

Hauptmarkt (I D2): Bis ins 14. Jh. verteilten sich die einzelnen, auf bestimmte Waren spezialisierten Märkte (wie Milch-, Wein- oder Heumarkt) auf mehrere Plätze. Um wie andere mittelalterliche Städte einen großen zentralen Markt anlegen zu können, erwirkte die Stadt 1349 von Kaiser Karl IV. die Genehmigung, das in den sumpfigen Niederungen des nördlichen Pegnitzufers gelegene Judenviertel mitsamt der Synagoge abzureißen. Damit ging ein Pogrom einher, dem fast 600 jüdische Bewohner zum Opfer fielen. Der neu angelegte Markt, der größte Platz Nürnbergs, entwickelte sich schnell zum wirtschaftlichen Zentrum der beiden mittlerweile zusammengewachsenen Stadthälften. Hier standen die Handelshäuser der

Der Hauptmarkt vor der Zerstörung im Zweiten Weltkrieg

Patrizier und die Kontore der amtlichen Wechsler sowie seit dem 16. Jh. die Nürnberger Börse, eine der ersten deutschen Börsen überhaupt. Die beiden wichtigsten politischen Kräfte, Kaiser Karl IV. und die Stadtregierung, zeigten mit der 1352–62 erbauten Frauenkirche bzw. mit dem 1385–92 errichteten Schönen Brunnen Präsenz. Zwischen 1425 und 1523 präsentierte man jedes Jahr von einem eigens auf dem Platz errichteten Gerüst der zahlreich versammelten Menschenmenge die Reichskleinodien, die damals in Nürnberg aufbewahrt wurden. Während der Reichstage fanden hier Turniere und andere Volksbelustigungen statt. In der NS-Zeit nutzte man den Platz, der nun Adolf-Hitler-Platz hieß, für die Aufmärsche anlässlich der Reichsparteitage. Im Zweiten Weltkrieg ging die historische Bebauung – der Hauptmarkt galt als einer der schönsten Plätze Deutschlands – verloren, die Häuser wurden durch moderne Neubauten wie das Neue Rathaus ersetzt. Seit Jahrhunderten finden auf dem Platz jedes Jahr in der Adventszeit der weltberühmte **Christkindlesmarkt** und im Mai und im September der größte Flohmarkt Deutschlands, der Trempler-markt, statt.

Der **Schöne Brunnen** auf dem Hauptmarkt entstand 1385–92 im Auftrag der Stadt. Es war das letzte große Steinbildwerk in Nürnberg, das, ganz in mittelalterlicher Tradition, von einer Bauhütte, einem Zusammenschluss aus Architekten, Bildhauern und Steinmetzen, geschaffen wurde. Die Kosten betrugen 4500 Gulden – das war damals eine sehr große Summe, die etwa dem Wert von fünf besseren Wohnhäusern entsprach. Witterungseinflüsse und Wasserschäden machten den Brunnen mit seinem farbig gefassten Sandstein schon im 15. Jh. reparaturbedürftig. 1587 zog man das Gitter herum. Bis ins 19. Jh. fanden wiederholt Restaurierungen statt, bis hin zum Ersatz ganzer Teile. Um 1900 hatte sich der Zustand des Brunnens so verschlechtert, dass er abgetragen und durch eine Kopie ersetzt wurde (Originale im Germanischen Nationalmuseum). Über einem Treppenpodest erhebt sich in einem achteckigen Wasserbecken eine 19 Meter hohe, turmartige Kleinarchitektur nach Art eines gotischen Kirchturms. Sie ist mit vierzig farbig gefassten Sandsteinskulpturen ausgestattet: Im Untergeschoss stehen paarweise unter Baldachinen die sieben *Kurfürsten* und die *Neun Guten Helden*, darüber *Moses mit den Gesetzestafeln* und sieben *Propheten* mit Spruchbändern. Auf der Brüstung des Wasserbeckens sitzen die *Vier Evangelisten*, die *Vier Lateinischen Kirchenväter*, die *Philosophie* und die *Sieben Freien Künste*. Dieses politisch ausgerichtete Bildprogramm, das von Darstellungen in Rathäusern angeregt ist, machte den Brunnen zu einem wichtigen Monument städtischer Selbstdarstellung: Hier sollte Nürnbergs Rolle als kaisertreue Reichsstadt hervorgehoben werden. Die Kurfürsten verkörpern die Ordnung des Reichs, die der Kaiser 1356 mit der Goldenen Bulle besiegelt hatte; ihnen werden mit den Helden und Propheten altehrwürdige Vorbilder guter und gerechter Herrschaft mahnend zur Seite gestellt. Die Evangelisten, Kirchenväter und Vertreter des antiken Wissens verleihen dem Programm eine universalgeschichtlich-religiöse Dimension, die für das mittelalterliche Denken charakteristisch war. Stilistisch stehen die Figuren, die sich durch kompakte plastische Modellierung, lebendige Körpersprache und charaktervolle Köpfe auszeichnen, der zeitgleichen Skulptur der Parler in Prag nahe.

Frauenkirche / Kirche Unserer Lieben Frau (I D2): Schon ◆ auf den ersten Blick fällt die ungewöhnliche, kapellenartige Bauform auf, die sich aus der besonderen Funktion der Kirche erklärt – sie war einst weder eine Pfarr- noch eine Klosterkirche, sondern eine Maria (»Frau«) geweihte kaiserliche Hofkapelle. Karl IV. ließ sie um 1352–62 »zum Lob und Ruhm seines Kaisertums ... und seiner kaiserlichen Stadt«, so der Stiftungsbrief von 1355, am neu angelegten Hauptmarkt errichten – gleichsam ein politisches Denkmal, in dem sich Karls Machtanspruch als oberster Stadtherr sowie Nürnbergs herausgehobene Stellung als Ort des ersten Reichstags nach jeder Kaiserwahl manifestierten. Der Rang der Kapelle kam auch in der Ausstattung mit bedeutenden Reliquien, darunter ein Splitter vom Kreuz Christi, zum Ausdruck – sie lockten zahlreiche Pilger an. Ob die Frauenkirche, wie oft zu lesen, ursprünglich auch als dauerhafter Aufbewahrungsort der Reichskleinodien geplant war – Kaiser Karl ließ sie schließlich auf die besser geschützte Burg Karlstein bei Prag bringen –, ist nicht eindeutig geklärt. Auf jeden Fall wurden diese Herrschaftszeichen 1361 anlässlich der Taufe des lang ersehnten Thronfolgers Wenzel in Nürnberg vom Außenbalkon der Frauenkirche dem Volk gezeigt. Nach der Einführung der Reformation in Nürnberg 1524/25 nahm man bis ins 19. Jh. immer wieder Verände-

Frauenkirche, Fassade

rungen in der Frauenkirche vor, insbesondere an der Ausstattung. Im Zweiten Weltkrieg erlitt die Bausubstanz bis auf die Außenmauern des Langhauses und die Vorhalle schwere Schäden; die neugotische Ausstattung aus dem 19. Jh. ging verloren, während die mittelalterlichen Werke erhalten blieben, da sie im Kunstbunker unterhalb der Burg ausgelagert waren. Der Wiederaufbau war 1953 abgeschlossen. Im Zuge der Restaurierung 1983–91 erfolgte eine moderne Umgestaltung des Altarraums.

Der **Außenbau** zeichnet sich durch eine kompakte, schreinartige Architektur ohne großen Glockenturm und eine prachtvolle **Fassade** aus: eine zum Hauptmarkt ausgerichtete, aufwendige Schaufront mit verziertem dreieckigem Staffelgiebel nach Art eines Bürgerhauses und bekrönendem Dachreiter sowie – dies eine Besonderheit – zweigeschossigem Vorbau. Dieser besteht aus einer quadratischen Eingangshalle mit drei Portalen und darüber dem polygonalen Michaelschor mit Balkon, großen Maßwerkfenstern und hohem Giebel. Die **Portale** besitzen, wie bei gotischen Kirchen beliebt, reichen Skulpturenschmuck, darunter am Mittelpfosten des prächtigen platzseitigen Doppelportals die *Thronende Maria mit Kind*, ferner an den Eckpfeilern das Kaiserpaar *Heinrich* und *Kunigunde* mit Kirchenmodellen (die Stifter des Bistums Bamberg, zu dem Nürnberg gehörte) und die Stadtheiligen *Sebald* und *Lorenz*. Der Reichsadler und die Wappen der sieben Kurfürsten sowie der Stadt Rom auf der Brüstung des Balkons spielen auf die 1356 von Karl IV. in Nürnberg verkündete Goldene Bulle an. Wie diese war auch das berühmte **Männleinlaufen** in der Kunstuhr im Giebelfeld des Michaelschors ein Hinweis auf die politische Funktion der Kirche. Diese Uhr entstand 1506–09 im Auftrag der Stadt (Erneuerung des Uhrwerks 1904) und ist heute eine besondere touristische Attraktion in Nürnberg: Angekündigt durch Herolde und Musiker treten jeden Mittag um 12 Uhr die Figuren der Kurfürsten heraus und umschreiten den in der Mitte thronenden Kaiser mit den Reichsinsignien in der Hand.

Auch das **Innere der Vorhalle** zeichnet sich durch überreichen Skulpturenschmuck aus, der sich sogar ins Gewölbe fortsetzt. Die für Kirchenportale ungewöhnlichen Themen wie die *Heimsuchung* mit *Josef* und *Zacharias* (im Gewände) sowie die *Verkündigung an Maria* und die Szenen aus der Kindheit Jesu wie *Geburt*, *Anbetung der Hl. Drei Könige* und *Darbringung im Tempel* (im Tympanon) werden neuerdings mit persönlichen Motiven des Stifters in Verbindung gebracht: mit der übergroßen Freude des nicht mehr jungen Karl IV. über die Geburt des Thronfolgers im Jahr 1361, der den Fortbestand der Dynastie sicherte. Die schweren, untersetzten Körper und die mächtigen Köpfe der Figuren verraten den stilistischen Einfluss der Prager Skulptur aus dem Umkreis von Peter Parler – bei einem kaiserlichen Auftraggeber, der hauptsächlich in Prag residierte, nicht verwunderlich. Parler, den der Kaiser wenig später für den Bau des Prager Doms verpflichtete, wird wegen stilistischer Parallelen mit Werken wie der Heilig-Geist-Kirche in Schwäbisch Gmünd auch als Architekt vermutet.

Im **Inneren der Kirche** erkennt man die Orientierung an zwei symbolträchtigen Vorbildern: Der nahezu quadratische Hallenraum von drei mal drei Jochen des Langhauses war in der staufischen Pfalzkapelle auf der Nürnberger Kaiserburg vorgeprägt; für die Kombination dieses zentralisierten Hauptraums mit einem polygonal geschlossenen Langchor stand der Aachener Dom Pate, der Ort der Krönung jedes neu gewählten römisch-deutschen Königs. Das **Langhaus,** die erste Hallenkirche Frankens im gotischen Stil, bietet ein besonderes Raumerlebnis: Gleich hohe, kreuzgratgewölbte Schiffe und sehr weite Arkaden auf schlanken Rundpfeilern erwecken den Eindruck eines Einheitsraumes ohne Unterteilungen. Die charakteristische Steilheit gotischer Kirchen ist aufgegeben zugunsten räumlicher Weite – ein Stilmerkmal, das in der deutschen Baukunst der Spätgotik öfters anzutreffen und hier sehr ausgeprägt ist. Der **Michaelschor** über der westlichen Vorhalle diente einst Kaiser Karl IV. als Herrscherloge. Von diesem privilegierten Platz konnte er an der Messe teilnehmen – daher die Öffnung zum Kirchenraum in einer großen Arkade. Spektakulär sind die scheinbar freischwebenden Maßwerkrosetten in der Arkade. Der schmale, lange **Chor** gegenüber zeichnet sich durch schlanke Maßwerkfenster und ein Gewölbe mit scharfkantigen Rippen und Gurten aus, die direkt den schlanken Wanddiensten entwachsen. Zu den wichtigen **Ausstattungsstücken** der Kirche gehören die farbigen **Glasfenster im Chor**. Allerdings stammen nur die drei unteren Scheiben des 1358 von Karl IV. gestifteten Kaiserfensters im Chorscheitel aus der Erbauungszeit der Kirche. Die übrigen Fenster von der bekannten örtlichen Glasmalerfamilie Hirsvogel gehen, wie man an den Familienwappen erkennt, auf Stiftungen Nürnberger Patrizierfamilien des 16. und 17. Jh.s zurück. Auch die **Bauplastik im Chor** stifteten Nürnberger Patrizier: Zwischen 1360 und 1380 entstanden der figürliche Schmuck der Schlusssteine im Gewölbe und die lebensgroßen Figuren an den Chorpfeilern, darunter die *Hl. Drei Könige*, *Maria mit Kind* (in der typisch gotischen S-förmigen Körperhaltung) und der *Hl. Wenzel* (der für Karl IV. wichtige böhmische Nationalheilige). Besonders hervorzuheben ist der Schmerzensmann im Chorscheitel: Dieser in der deutschen Kunst seit dem frühen 14. Jh. verbreitete Bildtyp, der den leidenden, aber lebenden Christus mit den Wundmalen zeigt, sollte den Gläubigen während der privaten Andacht zur Versenkung in die Passion Christi anregen. Die 18 **Leuchterengel** und der Verkündigungsengel stammen aus dem Umkreis von Veit Stoß (Anfang 16. Jh.; neun von ihnen wurden im 19. Jh. erneuert). Die beiden bedeutendsten Ausstattungsstücke kamen erst 1816 aus der abgebrochenen Augustinerkirche St. Veit in die Frauenkirche, als diese in eine katholische Pfarrkirche umgestaltet wurde. Der dreiteilige **Tucheraltar** im Chor, der nach der Patrizierfamilie Tucher, den möglichen Auftraggebern des Werks um 1450, benannt ist, zeigt im geöffneten Zustand (der einst nur an Feiertagen zu sehen war) auf der Mitteltafel die *Kreuzigung Christi*, flankiert von der *Verkündigung an Maria* und der *Auferstehung Christi*; auf den Seitenflügeln Heilige wie den hl. Augustinus, die für den Orden der Augustinereremiten wichtig waren. Der Altar steht stilistisch am Übergang vom Mittelalter zur Renaissance und gilt als eines der bedeutendsten Werke der Nürnberger Malerei vor Dürer. Vor dem traditionellen, mit Ornamenten punzierten Goldgrund stehen ›moderne‹ plastisch geform-

Frauenkirche, Tucheraltar

te Figuren mit individualisierten Gesichtern – Neuerungen, die der nicht namentlich bekannte Maler (der nach diesem Werk »Meister des Tucheraltars« genannt wird) in der niederländischen Malerei und der burgundischen Kunst kennengelernt hatte. Seit 1987 steht der Altar im Chor auf einem modernen Unterbau in Form einer Thora-Rolle, die daran erinnern soll, dass die Frauenkirche auf dem Gelände der zerstörten Synagoge errichtet wurde. Darüber hängt eine Strahlenkranzmadonna mit Maria auf der Mondsichel (15. Jh.). Das zweite herausragende Ausstattungsstücke ist das berühmte **Peringsdörffersche** (auch: Pergenstorffersche) **Epitaph** aus Sandstein an der Langhaus-Nordwand. Der Bildhauer Adam Kraft schuf es um 1498 zur Erinnerung an den Kaufmann Sebald Peringsdörffer und seine Familie. Über der Inschrift ist ein Hochrelief mit einer Schutzmantelmadonna zu sehen: Unter Marias weitem, von Engeln geöffnetem Mantel knien auf der einen Seite geistliche und weltliche Würdenträger, darunter auch ein Papst und ein Kaiser, und auf der anderen Seite Mitglieder der Stifterfamilie – diese Gegenüberstellung zeugt vom Selbstbewusstsein der Nürnberger Patrizier in der Zeit um 1500. Adam Kraft schuf auch das Epitaph für Hans Rebeck mit der *Krönung Mariens* (am Choreingang links). Ungewöhnlich sind die beiden gemalten Epitaphien, die der Rundform der Langhauspfeiler angepasst sind.

Welserhof (ehemals Haus zur goldenen Rose bzw. Krafftscher Hof; Theresienstraße 7; I D2): Von dem 1509–12 vielleicht von Hans Beheim d. Ä. für Jakob Welser erbauten Haus haben sich nach den Zerstörungen des Zweiten Weltkriegs und dem anschließenden modernen Wiederaufbau nur Teile erhalten. So verbergen sich hinter einer modernen Fassade auf altem Steinsockel mit Torbogen eine spätgotische gewölbte Eingangshalle und drei Flügel (der vierte modern) eines wunderschönen dreigeschossigen Arkadenhofs mit weiten flachen

Rundbögen auf dünnen Säulchen, Maßwerksbrüstungen und einem offenen Treppenturm: Hier zeigt sich der Einfluss spanischer Stadtpaläste der Zeit, etwa der Casa del Cordón in Burgos, deren Besitzer Beziehungen nach Deutschland hatten. Trotz des fragmentarischen Erhaltungszustands erkennt man noch die Doppelfunktion als Handelskontor (Halle für Lagerung der Waren, Hof für Beladen der Frachtwagen) und Wohnpalast (obere Stockwerke um den Hof).

◆ Das **Fembohaus** (1 D2), heute Stadtmuseum (zur Ausstellung s. S. 144), ist das einzige nahezu vollständig erhaltene Bürgerhaus der Spätrenaissance in Nürnberg. Das prächtige Gebäude wurde 1591–96 vielleicht nach Plänen von Jakob Wolff d. Ä. im Auftrag des wohlhabenden niederländischen Seidenhändlers Philipp van Oyrl errichtet, der nach Nürnberg eingewandert war und 1592 das Bürgerrecht erhielt. Nach wechselnden Besitzern im 17. und 18. Jh. – darunter der Patrizier Christoph Jakob Behaim, der barocke Umbauten vornahm, sowie der wichtigste deutsche Verlag für Landkarten – kam das Anwesen Anfang des 19. Jh.s schließlich an den Verleger und Buchhändler Georg Christoph Fembo, nach dem das Gebäude heute benannt ist. 1928 kaufte die Stadt Nürnberg das Haus, 1953 richtete sie darin das Stadtmuseum ein. Das mehrgeschossige Gebäude steht an prominenter Stelle zwischen Rathaus und Burg und ist ganz aus Sandstein (anstelle des im Mittelalter verbreiteten Fachwerks) erbaut. Seine Schauseite ist auf eine kleine platzartige Erweiterung der Burgstraße ausgerichtet – so ist die Fassade schon von Weitem zu sehen: Neben den regelmäßig angeordneten Sprossenfenstern bemerkt man vor allem das Rundbogenportal, darüber den traditionellen Nürnberger Erker, hier »Chörlein« genannt, mit Pilastern, Sprenggiebel und Kaiserbüste, sowie den Giebel mit Voluten, Obelisken, Vasen und Säulen und der bekrönenden Statue der Glücksgöttin Fortuna. Auch die Traufseite des Satteldachs beleben mehrere reich geschmückte Dacherker. Die innere Aufteilung des Anwesens in Vorderhaus, seitlichen Flügelbau und Rückgebäude um einen langgestreckten Hof findet sich häufig bei bürgerlichen Wohnsitzen in Nürnberg.

Das **Pellerhaus** (1 E2) galt bis zu seiner Zerstörung 1944/45 als eines der prächtigsten Bürgerhäuser in Europa und als eines der kunsthistorisch bedeutendsten Baudenkmäler der deutschen Renaissance. Es wurde 1602–07 im Auftrag des Kaufmanns Martin Peller nach einem Entwurf des Nürnberger Stadtbaumeisters Jakob Wolff d. Ä. in vornehmer Lage am Abhang des Burgbergs erbaut. Peller war Mitinhaber der Viatis-Peller-Gesellschaft, Anfang des 17. Jh.s eines der erfolgreichsten Handelsunternehmen im Heiligen Römischen Reich. Obwohl 1585 in den Adelsstand erhoben, konnte er als Zugezogener (er stammte vom Bodensee und hatte während seiner kaufmännischen Ausbildung in Venedig gelebt) nicht in das alteingesessene, ratsfähige Nürnberger Patriziat aufsteigen. Die ungewöhnlich aufwendige Architektur seines Wohnhauses wird daher auch als Versuch gedeutet, diese fehlende gesellschaftliche Anerkennung zu kompensieren. Nicht zufällig geriet Peller während des Baus mit dem Rat der Stadt in Streit: Die dreigeschossige Giebelfassade verstieß gegen die Nürnberger Bauverordnung, die drei Geschosse nur bei einer traufständigen Fassade erlaubte – mit dem Trick einer traufständigen Dachform wurde die Vorschrift schließlich eingehalten, so dass die Giebelfassade nicht wieder abgerissen werden musste. Diese repräsentative Fassade des Vorderhauses zeichnete sich durch reiches Rustikamauerwerk, geschossweise Pilasterordnungen sowie Obelisken und Voluten am Treppengiebel aus – Motive, die deutlich den Einfluss italienischer Palastarchitektur der Renaissance verrieten. Auch der ungewöhnlich prunkvolle Arkadenhof und die kostbare Innenausstattung erregten schon zur Erbauungszeit großes Aufsehen. Lediglich die Auf-

Pellerhaus, Renaissancefassade
(vor der Zerstörung im Zweiten Weltkrieg)

Pellerhaus, der 2008–18 rekonstruierte Innenhof

teilung des Anwesens in Vorderhaus (mit der berühmten Fassade), Hof und Rückgebäude entsprach der Nürnberger Tradition des Hausbaus. Bis auf das Erdgeschoss mit der gewölbten Eingangshalle, Teile des Arkadenhofs, den Treppenturm und Teile der Innenausstattung (wie das »Schöne Zimmer«, das zuvor ausgebaut worden war; heute im Stadtmuseum) ging das Pellerhaus im Bombenhagel des Zweiten Weltkriegs unter. 1955–57 hat man auf den erhaltenen Resten nach Entwürfen der Architekten Fritz und Walter Meyer einen modernen Bau im Stil der Nachkriegszeit für das Stadtarchiv und die Stadtbibliothek errichtet sowie die Ruine des Arkadenhofs gesichert. Auf Initiative der »Altstadtfreunde Nürnberg« konnten 2008–2018 dank privater Spendengelder die fehlenden Teile des historischen Hofs rekonstruiert werden. Dieser erstrahlt nun somit, wenngleich als Kopie, im ›alten‹ Glanz: Die Arkaden ruhen im Erdgeschoss auf Achteckpfeilern, in den beiden Obergeschossen auf eckigen Pfeilern mit vorgelegten toskanischen und ionischen Halbsäulen – deutliche Anklänge an die italienische Renaissancearchitektur, aber kombiniert mit nordalpinen Elementen wie den breiten Proportionen der Arkaden, der Dekorfreude, gotischem Maßwerk der Brüstungen sowie Erkern. Um den schmalen, langen Hof optisch zu verkürzen, hat der Architekt Wolff die Fassade des Rückgebäudes mit einem solchen Erker ausgestattet. Der Plan, auch die Renaissancefassade wiederherzustellen, scheiterte am Widerspruch der Stadtregierung und der Denkmalpfleger, unterstützt von Architekten. Für das seit 2013 hier untergebrachte Deutsche Spielearchiv Nürnberg liegen umfangreiche Pläne zur Sanierung und zum Ausbau des Gebäudekomplexes zum »Haus des Spiels« bis 2025 vor.

St. Egidien (I E2) ist die einzige Barockkirche Nürnbergs und bildet zusammen mit den älteren Kapellenanbauten aus dem Mittelalter einen reizvollen Baukomplex. Die Ursprünge der Anlage reichen bis ins 12. Jh. zurück, als hier auf dem Gebiet des nördlichen, 1040 gegründeten Nürnberger Königshofes (Verwaltungssitz der Burg) eine Kapelle erbaut wurde, die heutige Euchariuskapelle. Um 1150 entstand für das vom Stauferkaiser Konrad III. zuvor gegründete Schottenkloster der Vorgängerbau der heutigen Barockkirche: eine dreischiffige romanische Pfeilerbasilika mit Querhaus, Chor und Nebenapsiden sowie einer westlichen Doppelturmfassade. Das Kloster gehörte zu einer Gruppe von Abteien iro-schottischer Benediktinermönche, mit Zentrum in Regensburg. Die reichsunmittelbare Abtei lag damals noch außerhalb der Stadtmauern. Im 15. Jh. erneuerte man die Sakristei und den Chor der Kirche in Form eines gotischen Langchors und wölbte das Mittelschiff ein. Nach der Auflösung des Klosters im Zuge der Reformation richtete Philipp Melanchthon, neben Luther die wichtigste Figur der neuen Konfession, in den Klostergebäuden das Aegidianum ein, eines der ältesten Gymnasien Deutschlands (heute Melanchthon-Gymnasium an anderer Stelle; vor Ort befindet sich heute das Willstätter-Gymnasium). 1696 vernichtete ein verheerender Brand die Kirche bis auf die Ostpartie mit Chor, Querhaus, Sakristei und die Kapellenanbauten. Daher errichteten der Nürnberger Barockarchitekt Johann Trost und sein Sohn Gottlieb 1711–18 auf den mittelalterlichen Grundmauern den heutigen barocken Neubau, mit Stuckaturen von Donato Polli und Deckengemälden von Johann Daniel Preißler und Johann Martin Schuster. Im Zweiten Weltkrieg erlitt die Kirche schwere Zerstörungen und wurde anschließend bis 1959 im Inneren vereinfacht wiederaufgebaut, d. h. ohne Stuckdekoration und Emporen sowie mit moderner Decke (»veränderter Wiederaufbau«).

Trotz der Gebundenheit an den mittelalterlichen Vorgängerbau gelang dem Architekten Trost, der auf vielen Reisen die Barockarchitektur Italiens studiert hatte, eine eigenständige barocke Neuschöpfung, erkennbar bereits am **Außenbau**: Die mächtige **Sandsteinfassade** mit wuchtigen Doppeltürmen artikuliert eine kolossale dorische Pilasterordnung, die sich in der Mitte zu einer Halbsäulengliederung mit abgestuftem Dreiecksgiebel ›steigert‹. Im Vergleich dazu wirken die beiden Türme aufgrund ihrer stark vor- und zurückspringenden Gebälke und ihrer schwungvollen Aufbauten sogar noch barocker.

Im **Inneren** fügte Trost in die romanischen Umfassungsmauern des Langhauses einen Saalraum mit typisch barock gerundeten Ecken ein – das Ergebnis war ein protestantischer ›Predigtsaal‹. Nach dem Vorbild von Bauten des Architekten Francesco Borromini in Rom durchstoßen die Dreiecksgiebel der Fenster das Gebälk der Pilasterordnung bzw. ragen die geschwungenen Gesimse der oberen Fenster in das Gewölbe hinein. Das im Kern ebenfalls romanische Querhaus und der gotische Chor bleiben räumlich von diesem Saal weitgehend abgetrennt, sind durch die barocke Wandgliederung und Fenstereinteilung aber architektonisch an ihn angepasst. Im Chor ist unter den Barockstuckaturen das gotische Kreuzrippengewölbe erkennbar. In den Kartuschen über den Fenstern sind die Wappen Nürnberger Patrizier angebracht. Zu den ganz wenigen originalen Ausstattungsstücken gehören das ehemalige Hochaltarbild *Beweinung Christi*, eine zeitgenössische Werkstattkopie nach dem Original von Anthonis van Dyck (um 1630; heute im südlichen Querhaus) sowie zwei bronzene Epitaphien aus der Werkstatt von Hans Vischer (16. Jh.). Das große Bronzekreuz schuf der Architekt Rudolf Gröschel, der für den Wiederaufbau nach dem Zweiten Weltkrieg verantwortlich war.

Südlich von Querhaus und Chor schließen sich die drei mittelalterlichen Kapellen an. Die im Kern aus dem 12. Jh. stammende **Wolfgangskapelle** im Anschluss an das Querhaus wurde 1437 mit Westempore und Netzrippengewölbe erneuert. An den Wänden befinden sich u.a. ein Messingepitaph aus dem 16. Jh. sowie mehrere gemalte Epitaphien aus dem 15. Jh., die meisten von der Familie Tetzel, sowie zwei Holzreliefs (Reste eines Flügelaltars) von 1514 aus der Werkstatt des Bildschnitzers Veit Stoß. Die anschließende **Euchariuskapelle**, der älteste Kern der gesamten Anlage, entstand 1120–30 – also noch vor der romanischen Kirche des Schottenklosters – als königliche Eigenkirche für den damals hier gelegenen Königshof. Erst durch den Umbau von 1220–30 erhielt sie ihre heutige Gestalt als zweischiffige romanische Halle, deren schwere Kreuzrippengewölbe auf zwei Freisäulen im Zentrum und weiteren Säulen an den Wänden ruhen – sie ist einer der ältesten Sakralbauten Nürnbergs, stilistisch der Ostkrypta des Bamberger Doms verwandt. Außer einigen plastischen und gemalten Epitaphien ist vor allem der Katharinenaltar von 1498 bemerkenswert, wie für deutsche spätgotische Altäre typisch mit Mittelschrein mit plastischer Figurengruppe (*Mystische Vermählung der hl. Katharina*) und gemalten Seitenflügeln (mit Szenen aus dem Leben Katharinas). Die **Tetzelkapelle** ließ sich Mitte des 14. Jh.s der reiche Metallhändler Fritz Tetzel, Mitglied im Inneren Rat der Stadt sowie wichtigster Geldgeber und Parteigänger Kaiser Karls IV., als Familiengrablege errichten. Für den Bau dieser gotischen Marienkapelle wurde der Chor der Euchariuskapelle abgebrochen. Ein bedeutendes Kunstwerk (ursprünglich im Kreuzgang des Klosters) ist das **Landauersche Epitaph** von Adam Kraft, dem Schöpfer des berühmten Sakramentshauses von St. Lorenz, aus dem Jahr 1503; unterhalb einer vollplastischen *Marienkrönung* ist u.a. der kniende Stifter mit Wappen dargestellt. Auch die 50 Totenschilde zum Gedenken an Mitglieder der Familie Tetzel sind bemerkenswert.

Sieben Zeilen (I E1–2): Die historische Handwerkersiedlung entstand 1489–1524 auf Initiative des städtischen Rats. In den Wohn- und Werkshäusern, die in mehreren Reihen auf dem Terrain des zugeschütteten Stadtgrabens erbaut wurden, siedelte man schwäbische Barchentweber mit ihren Familien an (sie sollten das Textilgewerbe in Nürnberg ankurbeln) – es war eine der frühesten sozialen Wohnsiedlungen und ein Vorläufer der berühmten Fuggerei in Augsburg. Das Areal wurde nach Zerstörung im Zweiten Weltkrieg rekonstruiert. Die einzigen original erhaltenen Häuser hat man 1973 trotz heftiger Proteste abgerissen und durch einen Neubau ersetzt.

◆ **Tucherschloss** (I E2): Der einflussreiche Patrizier Lorenz II. Tucher ließ das Schloss 1533–44 auf einem Gartengrundstück am Rand der Stadt als Sommersitz erbauen, vielleicht nach Plänen des Stadtbaumeisters Paulus Beheim. Den architektonisch interessantesten Teil, das an den Fachwerktrakt angefügte dreigeschossige Gebäude aus Sandsteinquadern, charakterisieren regelmäßige Fensterreihen, hohe Giebel sowie – auf der Straßenseite – ein Erker mit Relief (*Sündenfall*) bzw. – an der reicheren Gartenfront – ein Treppenturm, der in der Dachzone von zwei weiteren Türmen flankiert ist; alle drei Türme sind mit Kuppeln bekrönt. Es sind frühe Beispiele der Zwiebelhaube und der Welschen Haube; vielleicht waren sie inspiriert von Bauten im Heiligen Land. Nach den Zerstörungen des Zweiten Weltkriegs ließ die Familie Tucher das Schloss 1966–69 wiederaufbauen. Im Inneren (mit einer eindrucksvollen Eingangshalle mit spätgotischem Netzrippengewölbe) befindet sich seit 1998 das **Museum Tucherschloss** der Tucherschen Familienstiftung: Anhand wertvoller Möbel, Tapisserien, Gemälde und Kunsthandwerk wird die Wohnkultur Nürnberger Patrizierfamilien vermittelt; hervorzuheben sind das Porträt von Hans IV. Tucher von Michael Wolgemut sowie vor allem das achtteilige *Tuchersche Tafelservice* (mit Email bemaltes Kupfer) des berühmten Goldschmieds Wenzel Jamnitzer von etwa

1560 – das bedeutendste vollständig erhaltene Beispiel dieser Gattung aus der deutschen Renaissance.

Im Garten des Tucherschlosses ist heute der **Hirsvogelsaal** zu besichtigen: Lienhard III. Hirsvogel hat anlässlich seiner Hochzeit mit der Augsburger Patriziertochter Sabine Welser 1534 an sein kurz zuvor erworbenes Wohnhaus in der Hirschelgasse eine Art Gartenpalast mit eben diesem Festsaal anfügen lassen. Dieser Saal erregte wegen seiner ungewöhnlich luxuriösen, neuartigen Ausstattung schon damals großes Aufsehen: Er besaß eine der frühesten Raumdekorationen im Stil der italienischen Renaissance nördlich der Alpen – ein Bruch mit der Nürnberger Tradition. Aber der Auftraggeber konnte sich nur für sehr kurze Zeit im Ruhm dieses spektakulären Werks sonnen, da sein Stern alsbald zu sinken begann. Lienhard entstammte einer der wohlhabendsten deutschen Handelsfamilien seiner Zeit: Die Hirsvogel unterhielten internationale Geschäftskontakte, vor allem mit Venedig, wo mehrere Familienmitglieder lebten und über ein Kontor im Fondaco dei Tedeschi (der deutschen Handelsniederlassung an der Rialtobrücke) verfügten – und sich mit der italienischen Kultur vertraut machten. Aber Lienhard trieb sich durch seinen ausschweifenden Lebensstil und riskante Immobiliengeschäfte sowie nicht zuletzt durch seine skandalöse Scheidung nur wenige Jahre nach der Eheschließung (es gab Streitigkeiten wegen der Mitgift) in den finanziellen Ruin. Er wurde unehrenhaft aus dem städtischen Rat ausgeschlossen, musste Nürnberg verlassen und starb 1539 völlig verarmt. Das Anwesen mit dem berühmten Festsaal wechselte in der Folgezeit mehrmals den Besitzer und ging u. a. an die Familie Rieter, die um 1600 das Ausstattungsprogramm noch einmal erweiterte. 1945 zerstörten Bomben den Gartenpalast, seine wertvolle Innenausstattung hatte man zuvor ausgelagert. Die Ruine des Außenbaus wurde, obwohl gar nicht so stark zerstört, abgetragen. 1955 stellte man den Hirsvogelsaal provisorisch im Fembohaus (Stadtmuseum) aus. Mithilfe privater Sponsoren entstand im Jahr 2000 im Garten des Tucherschlosses der Neubau, der sich entfernt am historischen Gartenpalast in der Hirschelgasse orientiert. Darin baute man den rekonstruierten Hirsvogelsaal ein: Seitdem ist hier, wenn auch nicht mehr vollständig erhalten und durch Neuschöpfungen ergänzt, ein Raumkunstwerk von europäischem Rang wieder erlebbar:

Die von der italienischen Renaissancearchitektur inspirierte Wandvertäfelung mit einer reich verzierten Pilaster- und Säulengliederung und einer illusionistisch gemalten Groteskendekoration (damals die neueste Mode in Rom) stammt vermutlich vom Nürnberger Baumeister und Bildhauer Peter Flötner. An der Nordseite akzentuiert eine leicht konvex ausschwingende steinerne Pilaster- und Säulenarchitektur mit Blendbogen und Wappentier darüber (heute vereinfacht) die Öffnung auf einen kleinen Annexraum, der einst vielleicht einen Kamin aufnahm: Diese ungewöhnliche Lösung ist von der Portalarchitektur an Treppenzugängen der Versammlungssäle venezianischer Bruderschaftsgebäude (*scuole*) sowie von Beschreibungen antiker Kaminräume in architekturtheoretischen Schriften der Renaissance beeinflusst. Die in die ornamentale Dekoration eingestreuten figürlichen Darstellungen der Handwerkskünste und der Wissenschaften sowie zum Thema Liebe verraten den humanistischen Bildungsanspruch des Auftraggebers. Das Deckengemälde von Georg Pencz, einem Maler aus dem Umkreis Dürers, war das erste perspektivisch in Untersicht gemalte Deckengemälde nördlich der Alpen. Der auf zwanzig aufgespannten Leinwänden dargestellte *Sturz Phaetons* soll vor menschlichem Hochmut und Leichtsinn warnen – das Thema wirkt wie ein Hohn auf Lienhards Leben. Mit den um 1600 ergänzten Aufsätzen oberhalb des Gebälks mit Obelisken und Büsten der ersten zwölf römischen Kaiser (Originale verschollen und heute durch Neuschöpfungen Nürnberger Bildhauer ersetzt) wollten die neuen Besitzer des Anwesens, die Familie Rieter, ihren Anspruch deutlich machen, den Kaiser bei einem Besuch in der Reichsstadt beherbergen zu können.

Allerheiligenkapelle des Landauer Zwölfbruderhauses (1 E2): 1501 stiftete der wohlhabende Kaufmann Matthias Landauer ein sog. Zwölfbruderhaus zur Alters- und Krankenversorgung von jeweils zwölf bedürftigen Handwerkern, die hier nach dem Vorbild der zwölf Apostel in klosterähnlicher Gemeinschaft lebten. Als Gegenleistung für freie Kost, Unterkunft und Kleidung mussten die Bewohner täglich für das Seelenheil des Stifters beten. Die Hauskapelle errichtete der Nürnberger Architekt Hans Beheim d. Ä. 1506/07 als spätgotische, dreischiffige Halle mit Netzgewölben mit einem für die Zeit charakteristischen herabhängenden Schlussstein. Bei den beiden Mittelpfeilern umwinden Stege einen Schaft, auch dies ein Stilmittel der deutschen Spätgotik. Im Auftrag Landauers schuf Albrecht Dürer 1511 für den Altar der Kapelle das berühmte *Allerheiligenbild* (heute eine Kopie; Original in Wien, Kunsthistorisches Museum). 1945 wurde der Komplex fast völlig zerstört. Man hat nur die Kapelle rekonstruiert und sie in das anstelle des Bruderhauses errichtete Willstätter-Gymnasium integriert.

Der **Laufer Schlagturm** (1 E2) trägt seinen Namen nach der hier angebrachten Schlaguhr, die die Nürnberger Uhrzeit verkündete (die anstelle einer fortlaufenden Zählung die Tag- und Nachtstunden getrennt zählte – mit den entsprechenden jahreszeitlich bedingten Unterschieden). Der schlanke Turm aus Sandsteinquadern, mit spitzbogiger Tordurchfahrt und Spitzhelm, gehört wie der Henker- und der Wasserturm (S. 80) zu den wenigen erhaltenen Resten der »Vorletzten Stadtmauer« aus der Mitte des 13. Jh.s. An der Nordseite ist noch ein kleines Stück dieser Mauer zu sehen.

Herrenschießhaus (I E2): Das 1582 von Stadtbaumeister Hans Dietmair errichtete Renaissancegebäude war einst Sitz einer Schützengesellschaft, einer der im Mittelalter entstandenen bewaffneten Bürgerwehren zum Schutz der Städte. Bis Anfang des 19. Jh.s blieb die Vereinigung ein gesellschaftlicher Mittelpunkt der bürgerlichen Oberschicht. Das dreigeschossige Sandsteingebäude mit Renaissanceportal, regelmäßigen Fensterreihen, Volutengiebel an der Schmalseite und Satteldach mit Erker hat nach Norden eine offene Pfeilerhalle, die sich auf einen 90 Meter langen Schießgraben öffnet, einst Teil der »Vorletzten Stadtmauer«. Hier stand der Apollobrunnen (heute im Stadtmuseum). Im Westen schließt sich ein 1537 errichtetes Fachwerkhaus an.

Das **Heilig-Geist-Spital** (I D3) geht auf eine Stiftung von Konrad Groß von 1339 zurück, der als Reichsschultheiß die Gerichtsbarkeit in Nürnberg ausübte und als Bankier Kaiser Ludwigs des Bayern und des Bamberger Bischofs zu den reichsten Bürgern seiner Zeit gehörte. Er steckte weite Teile seines Vermögens in das Spital zur Versorgung von Alten, Bedürftigen und Kranken – wohl aus Sorge um sein Seelenheil, denn er hatte umfangreiche Geldgeschäfte getätigt, die den Christen eigentlich verboten waren. Die Kirche des Spitals ist als Aufbewahrungsort der Reichskleinodien (von 1424 bis 1796) in die Geschichte eingegangen. 1487 beschloss der Rat der Stadt eine Erweiterung des Spitals, aber der Versuch, im sumpfigen Gelände des Pegnitzufers zu bauen, scheiterte. Dieses Problem löste erst Hans Beheim d. Ä. 1511–27: Er überbrückte den Nordarm der Pegnitz bis zur Insel Schütt mit zwei parallelen Trakten auf flachen Bögen – diese im Wasser errichteten Bauten (»Sude« und »Bau« genannt) bestimmen bis heute das stimmungsvolle Erscheinungsbild des Spitals von der Museumsbrücke aus gesehen: eine der bekanntesten Ansichten der Stadt. Der »Bau« umschließt den längsrechteckigen Kreuzigungshof (benannt nach der Kreuzigungsgruppe von Adam Kraft, 1506–08), mit breiten Spitzbogenarkaden und vorkragenden (heute verglasten) Holzgalerien darüber, die die Zimmer miteinander verbinden. Beheims Projekt sah Zweierzimmer vor – eine Neuerung, die den bis dahin üblichen großen Krankensaal ablöste. Nach den Zerstörungen des Zweiten Weltkriegs präsentiert sich der Komplex heute in rekonstruierter Gestalt; hier befindet sich wieder ein Altenheim. Die Kirche wurde nicht wiederaufgebaut.

Der **Schuldturm** (I E3; auch **Männereisen** genannt) auf der Pegnitzinsel Schütt wurde 1323 unter Stadtbaumeister Conrat Stromer (siehe die Inschrift) errichtet, als man die getrennten Befestigungen der »Vorletzten Stadtmauer« um den Sebalder und den Lorenzer Stadtteil über die Pegnitz hinweg miteinander verband. Nachdem 1452 die »Letzte Stadtmauer« vollendet worden war, verlor der Turm wie der Henkerturm (S. 80) seine ursprüngliche Funktion und diente als Gefängnis für Männer, die den Forderungen ihrer Gläubiger nicht mehr hatten nachkommen können.

Die **Fleischbrücke** (I D3), die Stadtbaumeister Jakob Wolff d. Ä. 1596–98 errichtete, zählt zu den bedeutendsten Brückenbauten der Renaissance in Deutschland: Mit einem flachen Bogen von 27 Metern Spannweite war sie damals die größte Steinbrücke. Als Vorbild für die Konstruktionsweise auf über 2000 gerammten Holzpfählen könnte die Rialtobrücke in Venedig gedient haben. Der Name der Brücke rührt von den offenen Bänken für den Fleischverkauf her, die seit dem Mittelalter hier an der Pegnitz standen. Sie wurden 1570/71 durch das geschlossene **Fleischhaus** ersetzt. Von diesem Bau ist nach den Zerstörungen des Zweiten Weltkriegs nur noch das Ochsenportal im Renaissancestil original erhalten. Die große Steinskulptur des Ochsen darauf, der – so die goldene Inschrift – »nie ein Kalb war«, ist ungewöhnlich.

Deutsches Museum Nürnberg (1 D2–3): s. S. 139.

◆ Der **Weinstadel** (1 C–D2) ist nicht nur eines der schönsten Häuser Nürnbergs, sondern mit 48 Metern Länge auch der größte mittelalterliche Fachwerkbau Deutschlands. Das Gebäude entstand 1446–48 außerhalb der damaligen »Vorletzten Stadtmauer« für die Unterbringung, ärztliche Versorgung und Speisung von Leprakranken in der Karwoche – die übrige Zeit des Jahres blieb es meist ungenutzt. Ab 1571 war im Erdgeschoss das reichsstädtische Weinlager untergebracht; davon leitet sich der heutige Name ab. Als die Lepraspeisung 1575 nach St. Johannis verlegt wurde, fanden hier Arme, Kranke und Handwerker Unterkunft. Nach den Zerstörungen im Zweiten Weltkrieg wurde das Innere zum Studentenwohnheim umgebaut. Über dem Erdgeschoss aus Sandsteinquadern erheben sich zwei Geschosse aus Fachwerk, mit den für Nürnberg typischen senkrechten Holzbalken mit schrägen Streben; darüber folgt das mächtige dreigeschossige Satteldach. Auf der Südseite zum Fluss sind Holzgalerien mit metallenen Wasserspeichern vorgesetzt. Der Dacherker auf der Ostseite gilt als ältester seiner Art in der Stadt.

Wasserturm und **Henkerturm** (1 D3): Der große, viereckige Wasserturm am Nordufer der Pegnitz ist durch eine überbaute, zweibogige Brücke mit dem wesentlich kleineren Henkerturm auf der Westspitze der Trödelmarktinsel verbunden. Dieser mächtige Brückenkomplex entstand 1320–25 zum Schutz des Pegnitzausflusses als Teil der »Vorletzten Stadtmauer«. Damals hat man die beiden ursprünglich getrennten Befestigungen der Sebalder und der Lorenzer Stadthälfte durch solche Verbindungsbauten über den Fluss vereint. Der Name »Henkerturm« rührt daher, dass der Bau, als er mit Errichtung der größeren Stadtmauer im 14./15. Jh. seine Schutzfunktion verloren hatte, bis ins 19. Jh. als Wohnsitz des Nürnberger Henkers diente. Heute ist darin ein Museum zur Kriminalge-

Blick über die Pegnitz auf Weinstadel, Henkersteg und Wasserturm

schichte der Stadt untergebracht. Seit 1457 verbindet ein Holzsteg für Fußgänger, der **Henkersteg**, den Henkerturm mit dem Südufer der Pegnitz. Nach mehreren verheerenden Hochwassern seit dem späten 16. Jh. musste der Steg mehrfach erneuert und umgebaut werden. Zusammen mit dem Weinstadel bildet die Bautengruppe an der Pegnitz ein malerisches Ensemble.

Fronveste (I C2): Da Ein- und Ausfluss der Pegnitz in die Stadt Schwachstellen in der »Letzten Stadtmauer« waren, hat man 1489–94 zum Schutz des südlichen Pegnitzausflusses die Fronveste angelegt. Der Sandsteinquaderbau, der in einem mächtigen Bogen den Fluss brückenartig überspannt, wurde damals als technische Meisterleistung bewundert. Im Norden ist die Fronveste an den **Schlayerturm** angefügt, der 1419–22 auf einer kleinen Insel im Fluss errichtet worden war. Nach Kriegszerstörung wurde die Fronveste 1957 wiederaufgebaut.

Kettensteg (I C2): Die 1824 vom Nürnberger Mechaniker Conrad Georg Kuppler montierte Fußgängerbrücke über die Pegnitz war die erste freischwebende Hängebrücke über einen

Fluss in Deutschland – sie galt damals als technisches Wunderwerk. Wegen statischer Probleme musste der an Kettengliedern aufgehängte Steg 1930 durch Stützen ›versteift‹ werden, so dass er nunmehr keine schwingende Brücke mehr war. Im Zuge der Sanierung von 2010 wurde die ursprüngliche Hängekonstruktion wiederhergestellt.

Der mächtige runde **Frauentorturm** (II E4) – eines der Wahrzeichen der Stadt – gehörte zur letzten Stadtbefestigung des 14./15. Jh.s; die runde Ummantelung stammt erst aus der Mitte des 16. Jh.s (zur Stadtmauer mitsamt den Stadttoren s. S. 28). Er überragt den **Handwerkerhof** (II E4), der 1971 anlässlich der Feierlichkeiten zum 500. Geburtstag von Albrecht Dürer im ehemaligen Waffenhof des Frauentors angelegt wurde: als nachgeahmtes »Mittelalterviertel« mit engen Gassen und kleinen Fachwerkhäusern für Gaststätten, Werkstätten und Geschäfte. Eigentlich war die Anlage nur als vorübergehende Einrichtung geplant, die 1972 wieder abgerissen werden sollte, doch sie besteht bis heute und ist eine beliebte Touristenattraktion.

Neues Museum (II D4): s. S. 143.

St. Klara (II D4) wurde zwischen 1270 und etwa 1340 für die Klarissen erbaut, den weiblichen Zweig des Franziskanerordens, benannt nach der hl. Klara von Assisi. Nürnbergs bedeutendste Ordensfrau, Caritas Pirckheimer, die Schwester des großen Humanisten und Freund Albrecht Dürers, Willibald Pirckheimer, stand dem Kloster in der schwierigen Zeit der Reformation vor und verteidigte es zunächst gegen die neue Lehre. Trotz der Veränderungen in der ersten Hälfte des 15. Jh.s (Einbau gotischer Maßwerkfenster; Anbau einer Kapelle und der Sakristei; Erhöhung des Dachstuhls) und der kargen modernen Innenausstattung von Brückner & Brückner Architekten von 2006/07 hat der Bau im Wesentlichen die für Bettelordenskirchen typische, schlichte Gestalt des späten 13. Jh.s bewahrt: An das einschiffige, mit einem hölzernen Tonnengewölbe gedeckte Langhaus schließt der schmalere Chor an, der von Bauleuten von St. Sebald errichtet und 1274 geweiht wurde – er ist das älteste Beispiel frühgotischer Architektur in

Nürnberg, mit einer polygonalen Apsis und einem Gewölbe, dessen Gurte und Rippen noch relativ schwer sind und auf runden Wanddiensten mit Kelchblattkapitellen ansetzen. Alte Ausstattungsstücke sind u. a. die beiden spätgotischen Flügelaltäre, hier ausschließlich mit Skulpturen (um 1500; Künstler unbekannt). Die Pirckheimerkapelle – im Kern der Nonnenchor des 15. Jh.s – geht in ihrer heutigen Gestalt mit den leuchtenden, geschichteten Glasplatten an den Wänden und der Figur der Mondsichelmadonna (spätes 15. Jh.) auf den Umbau von 2006/07 zur Eingangskapelle zurück. Vor der Kirche steht die Bronzeplastik *Hiob* von Gerhard Marcks (1957).

St. Martha (II E4), versteckt hinter den Häusern der Königstraße gelegen, ist berühmt für ihre wertvollen gotischen Glasfenster. Der Bau der Kirche und des dazugehörigen Pilgerspitals, damals noch außerhalb der Stadtmauer, verdankt sich einer Stiftung des Patriziers Conrad Waldstromer d. Ä., kaiserlicher Forstmeister des Lorenzer Reichswaldes, und seiner Ehefrau Agnes Pfinzing von 1356. Aber erst ihre Söhne führten 1363–85 den Chor aus, der Bau des Kirchenschiffs zog sich noch bis Anfang des 15. Jh.s hin. Das angrenzende Spital, neben dem Heilig-Geist-Spital die zweite Einrichtung dieser Art in Nürnberg, sollte Pilger und arme Reisende, die sich den Aufenthalt in Gasthäusern nicht leisten konnten, zwei bis vier Tage lang aufnehmen und kostenlos verpflegen. Nach der Einführung der Reformation wurde die Kirche 1526 geschlossen und bis ins frühe 17. Jh. für Versammlungen und Aufführungen der Nürnberger Meistersinger genutzt (die meisten der Sänger und Dichter stammten aus dem Handwerkerstand, daher der Name). Als sie im Jahr 1800 der evangelisch-reformierten Gemeinde – die seit dem 17. Jh. neben der vorherrschenden evangelisch-lutherischen Konfession bestand – zugesprochen wurde, hat man wegen des dort herrschenden strengen Bilderverbots die Altäre entfernt und in die Lorenzkirche gebracht.

2014 richtete ein verheerender Brand schwere Schäden in der Kirche an, nur der polygonal geschlossene gotische Chor mit Kreuzrippengewölben und seine wegen Sanierung ausgelagerten Glasfenster blieben verschont. Danach hat man die Kirche – die den Zweiten Weltkrieg relativ unbeschadet überstanden hatte – nur im Außenbau originalgetreu rekonstruiert; das Innere des Langhauses wurde, wenn auch in Anlehnung an die alte Bausubstanz, nach dem Entwurf des Münchner Architekturbüros Florian Nagler Architekten neu gestaltet (hölzerne Flachdecken mit rautenförmigem Muster im Mittel- und in den Seitenschiffen sowie völlig modern angelegte äußere Seitenschiffe).

Die **Glasfenster im Chor** von etwa 1385/90 gehören zu den frühesten und bedeutendsten Beispielen ihrer Art in Nürnberg (von ehemals neun Fenstern sind sechs erhalten). Anders als in den Pfarrkirchen St. Sebald und St. Lorenz fügen sich diese Glasmalereien mit Ausnahme des Mittelfensters zu einem einheitlichen Bildprogramm zusammen, obwohl sie von verschiedenen Patrizierfamilien gestiftet wurden, wie den Behaim, den Rieter oder den Groß (erkennbar an den Wappen). Der Zyklus erzählt die Heilsgeschichte des Alten und Neuen Testaments von der Menschwerdung Christi bis zum Jüngsten Gericht, darunter Szenen aus der Kindheit und der Passion Christi sowie das seltene Thema der *Fünfzehn Zeichen*, die das bevorstehende Ende der Welt ankündigen – sie werden hier als Ausdruck der Krisenzeit nach der Pestepidemie Mitte des 14. Jh.s interpretiert. Lediglich das Mittelfenster, das die Gebrüder Waldstromer, die Söhne des Stifterehepaars und Erbauer der Kirche, in Auftrag gaben, fällt inhaltlich aus diesem Zyklus heraus: In Bezug zum einst im Chorhaupt aufgestellten Hauptaltar thematisieren die Glasmalereien die Eucharistiefeier der katholischen Messe (u. a. *Letztes Abendmahl*). Der Stil ist typisch für die Nürnberger Glasmalerei des späten 14. Jh.s – soweit man das bei dem schlechten Erhaltungszustand (die Binnenzeichnung fehlt) überhaupt noch beurteilen kann: Die Figuren haben nach Art der Skulpturen der Parler (siehe etwa am Westvorbau der Frauenkirche) gedrungene Proportionen; Körper und Gesichter sind mittels starker Hell-Dunkel-Kontraste plastisch modelliert. Die Künstler stammten aus Nürnberger Werkstätten, die auf die Technik der Glasmalerei spezialisiert und damals weit über die Grenzen der Stadt hinaus bekannt waren; einzelne Namen sind nicht bekannt.

Die **Mauthalle** (II D3) trägt ihren Namen nach dem reichsstädtischen Zollamt, das hier ab 1572 untergebracht war. Stadtbaumeister Hans Beheim d. Ä. errichtete den mächtigen, langgestreckten Zweckbau 1498–1502 als städtischen Kornspeicher, aus Stein und mit auffallend hohem, spitzem Satteldach, in das mehrere Zwischenböden für die Lagerung des Getreides eingezogen wurden. Die zahlreichen Dachluken gewährten eine ausreichende Belüftung und Belichtung. Einziger Schmuck sind das Spitzbogenportal mit dem Reichsadler und den Stadtwappen (Adam Kraft, 1502) und die verschlungenen Kielbogenblenden im Ostgiebel zur Königstraße. Nürnberg besaß einst zwölf solcher Kornspeicher, darunter das heute noch erhaltene Unschlitthaus (S. 104). Denn neben einer sicheren Befestigungsmauer war es für mittelalterliche Städte wichtig, für den Fall von Krisenzeiten vorzusorgen, u. a. mit Gebäuden für die Vorratshaltung. Im Zuge der Umwandlung in ein Geschäftshaus 1897/98 öffnete man im Erdgeschoss große Rundbögen.

Zeughaus (II D3): Das 1588 von Stadtbaumeister Hans Dietmair errichtete Gebäude ist der einzige erhaltene Rest – der Kopfbau – des einst umfangreichen Komplexes für das Waffenarsenal der Reichsstadt. Hier wohnte der Zeugmeister. Nach den Zerstörungen des Zweiten Weltkriegs hat man das ungewöhnliche Äußere wiederhergestellt: eine Art Torbau mit zwei mächtigen Rundtürmen mit Zwiebelhauben; die Fassade ist, angeregt von italienischen Vorbildern der Renaissance, ganz mit Rustikaquadern verkleidet.

Germanisches Nationalmuseum (II D3): s. S. 139.

St. Lorenz (II D3) zählt zu den Meisterwerken der spätgotischen Architektur Deutschlands und besitzt wie St. Sebald eine ungewöhnlich gut erhaltene Ausstattung des Spätmittelalters. Um 1340 beschlossen die Bürger, im neuen Stadtviertel südlich der Pegnitz die zweite große Pfarrkirche der Stadt zu errichten: eine dreischiffige Basilika mit mächtiger Zweiturmfront, die – passend zum hohen Anspruch der Auftraggeber – an eine bischöfliche Kathedrale erinnern sollte. Die weitere Baugeschichte war von der Konkurrenz zur älteren Pfarrkirche St. Sebald geprägt. Kaum war die Lorenzkirche um 1400 vollendet, erweiterte man wie dort die Seitenschiffe um Kapellen zwischen den Strebepfeilern. Und nachdem St. Sebald 1361–79 einen ›modernen‹ gotischen Hallenchor erhalten hatte, wollte man auch in der neuen Pfarrkirche architektonisch auf der Höhe der Zeit sein: Auf Betreiben des Pfarrers Konrad Konhofer, ehemals Regensburger Dompropst und langjähriger juristischer Berater der Stadt Nürnberg, wurde daher 1439 der große **Hallenchor** nach einem Entwurf des Baumeisters Konrad Heinzelmann begonnen. Nach dessen Tod führte der Regensburger Dombaumeister Konrad Roritzer den Bau fort. Auf den Nürnberger Stadtbaumeister Jakob Grimm gehen schließlich die Einwölbung des Chors und das Dach zurück. Um St. Lorenz auch als Pilgerziel gegenüber der älteren Stadtpfarrkirche, in der die Gebeine des 1425 heiliggesprochenen Stadtpatrons Sebald verehrt wurden, konkurrenzfähig zu machen, präsentierte man im Chor die Reliquien des hl. Deocarus, die sich seit 1316 im Besitz der Stadt befanden. Obwohl Deocarus als Beichtvater Karls des Großen sogar ein Heiliger war, der sich durch einen Bezug zum Reich auszeichnete – was er dem hl. Sebald voraus hatte –, erlangte er nie die Popularität des großen Stadtheiligen. In der Reformationszeit gehörte St. Lorenz zu den ersten Kirchengemeinden im Reich, die zum protestantischen Glauben übertraten. Aber die Nürnberger Bürger hielten die katholischen Bildwerke weiterhin als Stiftungen ihrer Vorfahren in Ehren – nur die Attribute, die Erkennungsmerkmale der Heiligen, beseitigten sie, um das Gebet vor den Bildern zu verhindern. Zu Beginn des Zweiten Weltkriegs lagerte man die bewegliche Ausstattung aus. Dadurch wurde sie vor den schweren Zerstörungen, die der Bau 1943 und 1945 erlitt, verschont. 1946 erfolgte der Wiederaufbau. Die modernen Einbauten im Westteil und in den Seitenschiffen (u. a. für ein Stuhllager und für Büros), die die Pfarrei beim Würzburger Architekturbüro Brückner & Brückner Architekten 2018 in Auftrag gegeben hat, haben heftigen Protest ausgelöst – das Projekt soll daher überarbeitet werden.

Am **Außenbau** lässt sich die Baugeschichte – es gab zwei Hauptphasen – ablesen: Das Langhaus mit Doppelturmfront und der gewaltige Chor mit steilem Dach im Osten wirken unvermittelt aneinandergesetzt. Die hoch aufragende **Westfassade** ist städtebaulich wirksam auf die Kreuzung zweier wichtiger Straßen ausgerichtet, allerdings wirkte sie bis zur Kriegszerstörung noch eindrucksvoller, da sich die Karolinenstraße vor der Kirche verengte. Während die blockhaft geschlossenen Türme der Fassade nur eine schlichte Gliederung aufweisen, ist der Mittelteil mit einem reichen Figurenportal, Fensterrose und durchbrochenem Dreiecksgiebel zu einer prachtvollen, repräsentativen Schauseite ausgestaltet. Das flach gestufte, steil proportionierte **Doppelportal** von 1355–60 ist, angeregt von französischen und deutschen Kathedralen (etwa dem Bamberger Dom), mit zahlreichen Skulpturen geschmückt, darunter: am Mittelpfeiler der Doppeltür die *Thronende Maria mit Kind*; im Gewände u. a. *Adam* und *Eva* sowie weiter außen der

Hl. Stephan und der *Hl. Lorenz*; in den Archivolten die *Zwölf Apostel* und ihre alttestamentarischen Vorläufer, die *Propheten*; im Bogenfeld über den Türen Reliefs mit Szenen aus dem Leben Jesu sowie ganz oben das *Jüngste Gericht* mit Christus als Weltenrichter – insgesamt ein dicht zusammengedrängtes Programm. Oberhalb des Portals verläuft eine Brüstung mit Maßwerk und den Wappen des Reiches, Kaiser Karls IV. und seiner dritten Gemahlin – ein Datierungshinweis für diesen Teil der Fassade: Er kann folglich erst nach ihrer Hochzeit 1353 entstanden sein. Die große **Fensterrose** in der Fassadenmitte ist eines der schönsten Beispiele für dieses an gotischen Kirchenfassaden, insbesondere in Frankreich, beliebte Motiv, hier ist allerdings die Form ungewöhnlich: Zwei übereinanderliegende Maßwerkskreuze scheinen windmühlenartig zu rotieren, da sie beide aus dem Lot gedreht sind (dies ist besonders gut von innen im Gegenlicht erkennbar). Dieses Radfenster umgibt ein in der vorderen Wandebene gelegener breiter Kranz mit radial ausstrahlenden, dekorierten Wimpergen. Darüber erhebt sich der filigran durchbrochene Dreiecksgiebel mit kleinen Maßwerkfenstern. Auf der **Nordseite des Langhauses** ist die große *Ölberg*-Figurengruppe, das Gebet Christi im Garten Gethsemane umgeben von den schlafenden Aposteln, sehenswert: eine in der deutschen Kunst der Spätgotik, besonders in Franken, am Außenbau von Kirchen beliebte Darstellung (um 1500; Werkstatt des Adam Kraft; Kopie, Original im Germanischen Nationalmuseum). Der Schmerzensmann (um 1360) rechts davon am Strebepfeiler ist eine der frühesten Figuren dieser Art in Franken und maßgebend für den Nürnberger Typus der Folgezeit. Das **Äußere des Chors** ist zweigeschossig angelegt und von der Heilig-Kreuz-Kirche in Schwäbisch Gmünd angeregt, einem Schlüsselwerk der deutschen Gotik (1351 begonnen) und ein Hauptwerk der Architektenfamilie Parler. Hier wie dort ist die zerklüftete Struktur gotischer Kathedralchöre (etwa des Kölner Doms) aufgegeben zugunsten eines kompakteren, auf wenige Elemente reduzierten Baukörpers, der wie eine Art gerundete ›Chorfassade‹ wirkt. Die Strebepfeiler verschwinden zwischen den Kapellen und treten nur am zurückspringenden Obergeschoss in Erscheinung. Die Wandfelder sind in beiden Geschossen ganz von großen Maßwerkfenstern ausgefüllt.

Im **Inneren** erkennt man wie bereits am Außenbau den unvermittelten Kontrast zwischen Langhaus und Chor. Das Langhaus, das, wie in der Hochgotik häufig, eine Abfolge von querrechteckigen Mittelschiffsjochen und quadratischen Seitenschiffsjochen mit Kapellen aufweist, fällt durch seine schlichte Formensprache auf: Im kreuzgratgewölbten Mittelschiff erhebt sich über den mehrfach abgestuften, spitzbogigen Pfeilerarkaden eine hohe glatte Wandzone, die nur durch schlanke Dienste und kleine Fenster gegliedert ist. Die kostspielige, skeletthafte Bauweise mit großen Glasfenstern der gotischen Kathedralen Frankreichs ist unter dem Einfluss der Bettelordenskirchen der deutschen Gotik (etwa der Dominikanerkirche in Regensburg) abgelöst durch ein von Wänden klar umgrenztes Raumkonzept. Auf der Südseite erkennt man eine Planänderung: An den östlichen Arkaden sind die durch zahlreiche Dienste plastisch abgestuften Bündelpfeiler durch einfach profilierte Stützen und Bögen ersetzt – eine stilistische Weiterentwicklung in Richtung Spätgotik um 1300. Vom schmalen Langhaus öffnet sich, wie im 15. Jh. häufig, ohne Querhaus der weiträumige **Hal-**

Grundriss von St. Lorenz (die Ziffern verweisen auf die im Text genannten Ausstattungsstücke)

1 Imhoffsches Triumphkreuz, 2 Sakramentshaus, 3 *Engelsgruß*, 4 Holzkruzifix, 5 Deocarusaltar, 6 Johannesaltar, 7 Marienaltar, 8 Annenaltar, 9 Dreikönigsaltar, 10 Epitaph für Georg Rayl, 11 Epitaph

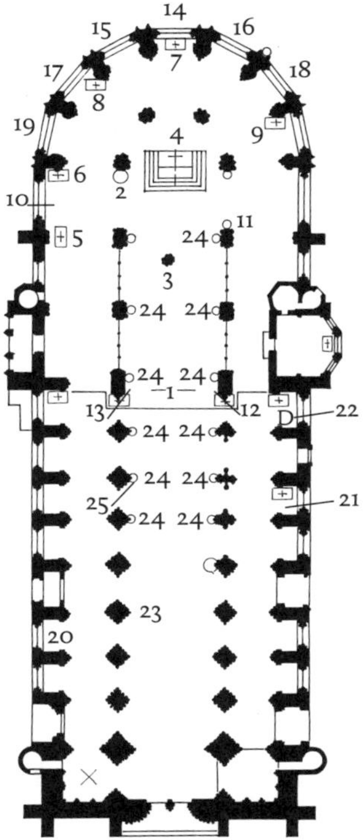

für Anton Kreß, 12 Epitaph für Hans Meyer, 13 Epitaph für Georg Keyper, 14 Kaiserfenster, 15 Knorrfenster, 16 Konhoferfenster, 17 Hallerfenster, 18 Volckamerfenster, 19 Rieterfenster, 20 Imhoffaltar, 21 Epitaph für Johannes Ehrenheim, 22 Rochusaltar, 23 *Schöne Madonna mit Kind*, 24 *Zwölf Apostel*, 25 *Erzengel Michael*

lenchor mit gleich hohen Schiffen. Sein Grundschema ähnelt dem Chor von St. Sebald, geht aber letztlich, wie schon der Außenbau, auf die epochemachenden Neuerungen der Familie Parler in Schwäbisch Gmünd zurück. Dem polygonalen 3/8-Schluss des Binnenchors entspricht ein Umgang mit flachen Kapellen aus sieben Seiten eines 14-Ecks – daher auch hier die abwechselnd dreieckigen und schief viereckigen Gewölbejoche des Umgangs. Stilistisch vertritt die Architektur deutlich eine spätere Stilstufe der Gotik als der viele Jahrzehnte ältere Chor von St. Sebald: Weitere Pfeilerabstände und komplizierte Netzgewölbe, die die Jocheinteilung verschleiern, sowie breitere, heller verglaste Fenster schaffen einen überwältigenden Raum mit fließenden Übergängen, gleichsam ›ohne Grenzen‹; schlanke, aber von plastisch geformten Diensten umstellte Pfeiler gehen ohne Kapitelle in die Gewölberippen über; die Rippen wachsen aus den Pfeilern wie Zweige aus einem Stamm – alles dies sind Merkmale der Architektur der deutschen Spätgotik, die sich vor allem in den bürgerlichen Pfarrkirchen der Städte entwickelte. Lediglich die Choraußenwand ist durch ein markantes Gesims mit Laufgang und Maßwerkbrüstung klar in zwei Geschosse unterteilt, jeweils mit großen Maßwerkfenstern – eine Lösung, die ebenfalls aus der Kirche in Schwäbisch Gmünd stammt.

Mit seiner reichen, originalen **Ausstattung** gehört St. Lorenz wie St. Sebald zu den wenigen spätmittelalterlichen Kirchen Europas, deren Inneres heute noch einen anschaulichen Eindruck von der ursprünglichen Situation vermittelt (trotz mancher Verluste und Ergänzung durch Werke aus anderen, im 19. Jh. aufgelassenen Nürnberger Kirchen): Im Laufe der Zeit füllte sich der Kirchenraum mit Altären, Epitaphien, Skulpturen, Wandmalereien und Glasfenstern, die wohlhabende Nürnberger Kaufleute und Geistliche in Auftrag gaben – bis die Reformation diesem Stifterwesen ein Ende setzte. Neben frommen Beweggründen wie der Sorge um das Seelenheil spielten für die Stiftung von Kunstwerken auch gesellschaftspolitische Motive eine wichtige Rolle: die Konkurrenz unter den Familien um Selbstdarstellung in der Kunst und der Wunsch, dadurch der Nachwelt im Gedächtnis zu bleiben. Sie kennzeichneten ihre Stiftungen mit Familienwappen, Inschriften und Stifterbildnissen, damit man sehen konnte, auf wen der Auftrag zurückging – und das hieß vor allem: wer bezahlt hatte. Man sollte daher die Ausstattungsstücke nicht nur isoliert als bedeutende Kunstwerke betrachten, sondern sie auch im Kontext ihrer religiösen und sozialen Funktion sehen. Die bedeutendsten Stiftungen konzentrieren sich im **Chor**, dem liturgischen Zentrum und somit besten Platz in der Kirche. Hier tat sich die einflussreiche und wohlhabende Familie Imhof, die in der Nachbarschaft der Kirche Häuser besaßen, gleich mit mehreren Stiftungen hervor. Am Übergang vom Langhaus zum Chor hängt, gestützt durch einen flachen, dünnen Bogen, das monumentale **Imhoffsche Triumphkreuz** (Ende 14. Jh.; 1 – die Ziffern beziehen sich auf den Grundriss auf S. 91), ein im Mittelalter an dieser Stelle beliebter Darstellungstyp, hier mit Balken, die in Astwerk enden: der Lebensbaum als Symbol der Erlösung. Im Auftrag des Kirchenpflegers (Vermögensverwalter der Pfarrei) Hans IV. Imhoff, damals einer der reichsten Bürger der Stadt, fertigte der bedeutende deutsche Bildhauer an der Schwelle vom Mittelalter zur Renaissance Adam Kraft 1493–96 das berühmte **Sakramentshaus** (2). Im Vertrag mit Kraft hielt Imhoff seine Vorstellungen zu Gestalt und Figurenprogramm des »sakramentsgeheuß« fest und verpflichtete den Künstler dazu, den Auftrag eigenhändig auszuführen und nicht an Mitarbeiter zu delegieren. Es sollte nicht einfach ein übliches Behältnis zur sicheren Aufbewahrung der geweihten Hostien entstehen, sondern ein Schaustück in Form einer kunstvollen spätgotischen Kleinarchitektur, das die in einer

St. Lorenz, Hallenchor mit Sakramentshaus

Monstranz präsentierte Hostie wirkungsvoll inszenieren – und das Prestige des Auftraggebers erhöhen sollte. Dabei spielte wohl auch die Konkurrenz zum kurz zuvor entstandenen Sebaldusgrab in St. Sebald eine Rolle. Auf einer begehbaren Plattform, dem Zugang zum vergitterten Hostienschrank, erhebt sich das turmartige Sakramentshaus über 20 Meter hoch bis in das Gewölbe der Kirche: ein fantasievolles, filigranes Gebilde aus Rippen, Stabwerk, Maßwerk, Fialen, Wimpergen, Reliefs und Skulpturen – eine gewagte Konstruktion, die alle Gesetze der Statik und des Materials Sandstein zu überwinden scheint, ein Meisterwerk der mittelalterlichen Bautechnik. Manche Detailformen, etwa der wie Äste verschlungene Maßwerkkranz oberhalb des Hostienschranks oder die herabhängende oberste Spitze, brachten Kraft sogar den Ruf ein, er könne den Stein »erweichen« und »kneten«. Tatsächlich hat er viele kleine Stücke aneinandergeklebt oder auf einen Draht gefädelt, anstatt wie üblich die Formen aus größeren Steinblöcken zu hauen. An der prachtvoll gestalteten Maßwerksbrüstung der Plattform fallen neben den Wappen zur Verherrlichung des Auftraggebers und seiner Familie drei knieende Gestalten ins Auge. Sie tragen die Plattform auf ihren Schultern: Neben seinen beiden Gesellen (an den Seiten) tritt hier Adam Kraft im Arbeitsgewand, die Bildhauerwerkzeuge in der Hand, selbstbewusst dem Betrachter entgegen (s. Foto auf der hinteren Umschlagklappe); es ist eines der berühmtesten Selbstporträts des späten 15. Jh.s, als Künstler zunehmend über ihr Können und ihre gesellschaftliche Stellung nachdachten. Das von Hans Imhof gewünschte Figurenprogramm in den oberen Zonen umfasst neben Heiligen und Evangelisten Szenen aus der Passion Christi wie das *Letzte Abendmahl* und die *Kreuzigung*. Der Auftraggeber war mit diesem in der Rekordzeit von drei Jahren geschaffenen, virtuosen Werk offensichtlich überaus zufrieden, denn er erhöhte das vereinbarte Honorar von 700 Gulden nochmals um zehn Prozent.

Auf einen besonders einflussreichen Stifter geht der **Engelsgruß** (auch: **Englischer Gruß**; 3) zurück, eines der beliebtesten Werke der spätmittelalterlichen Kunst in Deutschland: Anton II. Tucher, der sog. Vorderste Loser, also höchster Repräsentant und Finanzverwalter der Stadt, ferner Reichsschultheiß und Pfleger von St. Sebald und Mäzen des dortigen Sebaldusgrabs, beauftragte 1517 den Bildschnitzer Veit Stoß mit einem »rosenkrancz mit dem englischen gruß«. Der Künstler war damals wegen Urkundenfälschung verurteilt und seiner Bürgerrechte beraubt, galt jedoch in der Kunst der Bildschnitzerei neben Tilmann Riemenschneider als der virtuoseste Meister. Mitten im Chor hängt scheinbar freischwebend wie eine überirdische Erscheinung die überlebensgroße Skulpturengruppe der *Verkündigung an Maria* vom Gewölbe herab. Diese Szene ist auf Wunsch des Stifters – dies eine Neuerung – mit dem Rosenkranz kombiniert: Den Erzengel Gabriel und Maria fasst ein mandelförmiger Rahmen ein, den mehrere Medaillons mit Szenen aus dem Leben Christi und Mariens, Gott Vater sowie fünfzig Rosenblüten schmücken – diese sind eine Anspielung auf die fünfzig »Ave Maria« des Rosenkranzgebets, das seit dem späten 15. Jh. im Zuge der großen Marienverehrung in Nürnberg praktiziert wurde. Auch der Engel sprach bei der Verkündigung an Maria »Ave Maria«. Die vom Rahmen herabhängende Rosenkranzkette (»Paternosterschnur«) betont noch einmal den Bezug zu diesem Gebet. Eine Anregung zu diesem neuartigen Kunstwerk – es war das erste plastische Rosenkranzbild überhaupt – kam vielleicht von den großen gotischen Leuchtern mit Mariendarstellungen (»Marienleuchter«) aus Norddeutschland, aber der *Engelsgruß* hat keine Beleuchtungsfunktion (der große Kerzenleuchter ist getrennt aufgehängt). Die meisterhaft geschnitzten Figuren von Maria und Gabriel sind in üppig herabfallende, stark bewegte Gewänder mit den für Stoß typischen ›ohrenförmigen‹ Bäuschen und Falten ge-

St. Lorenz, *Engelsgruß / Englischer Gruß*, Detail der Marienfigur

hüllt, was ihre innere Erregtheit zum Ausdruck bringen sollte. Abweichend von der damals üblichen Arbeitsteilung zwischen Bildschnitzer und Maler hat der damals schon hochbetagte Stoß die unglaublich kunstvolle, detailreiche Farbfassung und Vergoldung eigenhändig besorgt. Ursprünglich war die Gruppe die meiste Zeit des Jahres von einem großen Tuch mit dem Wappen Tuchers verhüllt. Nur an Feiertagen ließ man das über 800 Kilogramm schwere, an einer Eisenkette aufgehängte Werk über eine Winde auf dem Dachstuhl herab, um das Tuch zu entfernen. Aber nur für wenige Jahre, denn mit der Einführung der Reformation 1524/25 blieb die Verkündigungsgruppe dauerhaft verhüllt hoch oben im Gewölbe hängen, wodurch sie den Blicken der Gläubigen entzogen werden sollte.

Das große **Holzkruzifix** von 1516–20 (4) auf dem modernen Hochaltar ist ein Spätwerk von Veit Stoß; es besitzt eine farbige Fassung, die Bronze imitiert, und ist bis auf die Arme aus einem einzigen Baumstamm geschnitzt (einschließlich des kunstvoll geschlungenen Lendentuchs!).

Im Chor sind außerdem mehrere Epitaphien sowie Flügelaltäre sehenswert – dieser Altartyp mit einer großen Mitteltafel mit der Hauptdarstellung und kleineren (früher meist geschlossenen) Seitenflügeln war in Deutschland seit dem 14. Jh. verbreitet. Den **Deocarusaltar** (5), das einzige erhaltene Beispiel der Nürnberger Schnitzaltäre aus der ersten Hälfte des 15. Jh.s, stifteten Andreas und Margarethe Volckamer 1436/37 für die wichtigsten Reliquien der Kirche, die Gebeine des hl. Deocarus. Im unteren, breiten Kasten stand einst der sargähnliche Schrein mit den Reliquien; war er herausgenommen, war (wie heute) die Rückwand mit dem gemalten Leichnam des Heiligen zu sehen – gleichsam ein imaginärer Blick in sein Grab. Im Mittelschrein sitzen in zwei Etagen die überreich vergoldeten Skulpturen von Christus und Deocarus, jeweils flankiert von den Aposteln. Die gemalten Seitenflügel zeigen Szenen aus dem Leben Jesu und des Deocarus. Beim 1520 von Gabriel Imhoff gestifteten **Johannesaltar** (6; einst am Eingang des Chors unter dem Triumphkreuz) ist vor allem die Abendmahlsgruppe von etwa 1425 sehenswert – dieses ältere Werk wurde erst später anstelle eines Reliquiengehäuses eingefügt: Das Material des farbig bemalten Tons war damals in Nürnberg sehr beliebt. Den **Marienaltar** im Chorhaupt (7) hat 1472 der Propst von St. Lorenz, Jodokus Krell, gestiftet; im Hintergrund des Mittelbildes ist die älteste bekannte Stadtansicht von Nürnberg zu sehen. Der **Annenaltar** (8) von 1510 bewahrt die Form des gotischen Flügelaltars mit einer Skulpturengruppe im Mittelschrein, hier *Anna Selbdritt* (Maria mit Kind und deren Mutter Anna) von einem Bildhauer aus dem Umkreis von Veit Stoß, und gemalten Seitenflügeln, hier mit Heiligen von Hans von Kulmbach. Darüber erhebt sich ein Aufsatz aus filigranen gotischen Architekturformen, besetzt mit Figuren – ein für Flügelaltäre typisches Gesprenge. Der **Dreikönigsaltar** (9; aus der Dominikanerkirche), um 1460 von Hans Pleydenwurff gemalt, lässt den Einfluss der niederländischen Malerei erkennen, die sich im 15. Jh. wie die italienische Renaissancekunst erstmals um die Darstellung der sichtbaren Wirklichkeit bemühte: Auf der Mitteltafel öffnet sich hinter der Hauptszene anstelle des traditionellen Goldgrundes eine weite Landschaft mit dem Gefolge der Könige; auch die genaue Beobachtung von Details und der farbigen Erscheinung der Dinge ist eine Errungenschaft der niederländischen Maler. Herausragende Beispiele für die in Nürnberg sehr verbreiteten Epitaphien sind: das **Epitaph für Georg Rayl** (10) von etwa 1494, eine *Kreuzigung mit Maria und Johannes*; das **Epitaph für Anton Kreß** (11), ein Messingrelief von Peter Vischer d. J. ohne religiöses Thema, nur mit der Darstellung des Verstorbenen, umgeben von einer perspektivisch wiedergegebenen Rahmenarchitektur im Stil der italienischen Renaissance; ferner das **Epi-**

taph für Hans Meyer (12) von 1474 mit der *Messe des Papstes Gregor* sowie das **Epitaph für Georg Keyper** (13; aus der Dominikanerkirche) von 1484 mit der *Beweinung Christi* (beide von Michael Wolgemut, dem Lehrer Dürers).

Die farbigen **Glasfenster** im Chor von 1476–81 zählen zu den Meisterwerken spätgotischer Glasmalerei in Deutschland. Dem Kaiser, oberster Stadtherr von Nürnberg, war das zentrale Chorfenster vorbehalten; die beiden benachbarten Fenster reservierten sich die Lorenzer Pfarrer Konrad Konhofer und Peter Knorr. Die übrigen Fenster stifteten Nürnberger Patrizierfamilien wie die Haller, Volckamer, Rieter und Tucher, nach denen man bis heute die Fenster benennt. Über Jahrhunderte fühlten sie sich verpflichtet, die ungeheuer teuren Glasfenster instand zu halten und somit die Erinnerung an ihre jeweilige Familie wachzuhalten. Nicht umsonst ließen sich in den unteren, gut sichtbaren Feldern die Stifter mit ihren Angehörigen darstellen, begleitet von Familienwappen. Das **Kaiserfenster** (14) von 1477 aus der Werkstatt Michael Wolgemuts fällt durch sein betont politisches Bildprogramm auf: Im Zentrum (zweite Reihe) sind Kaiser Friedrich III. und seine Gemahlin in vollem Krönungsornat unter einer reichen Baldachinarchitektur dargestellt, begleitet von zahlreichen Wappen; die obere Zone zeigt Szenen aus der Legende vom hl. Kreuz sowie Schlachten, in denen der christliche Glaube verteidigt wurde – insgesamt wird hier das Herrscherideal vom universalen christlichen Kaisertum des Hauses Habsburg beschworen. Das **Knorr**- und das **Konhoferfenster** (15 und 16), beide ebenfalls von Michael Wolgemut, besitzen eine kleinteilige Rahmenarchitektur aus vielen Nischen, die mit Figuren oder Szenen ausgefüllt sind, wodurch die Fenster insgesamt dekorativ wirken. Demgegenüber klarer aufgeteilt wirkt das **Hallerfenster** (17) von etwa 1480, vielleicht aus einer Bamberger Werkstatt, mit Szenen aus der Passion Christi, die sich jeweils über zwei Felder erstrecken. Das **Volckamerfenster** (18)

St. Lorenz, Volckamerfenster im Chor

von 1480 zählt zu den berühmtesten Werken der Glasmalerei überhaupt. Zu seinem Ruhm haben die technische Qualität, die ungeheure Leuchtkraft der Farben und die gelungene Aufteilung der Fensterfläche beigetragen, die an einen dreiteiligen Schnitzaltar mit hohem Architekturaufsatz in spätgotischen Formen erinnert. Das Fenster wurde von der damals sehr gefragten Straßburger Werkstattgemeinschaft um den berühmten Peter Hemmel von Andlau geschaffen. Das **Rieterfenster** (19) mit einer ausführlichen Schilderung der Geschichte Moses', vor allem dem *Auszug aus Ägypten*, sollte an die Pilgerfahrt von Sebald Rieter d. J. ins Heilige Land, auf den Sinai und nach Ägypten erinnern. Neu war die Gliederung der Fensterfläche: Hier ist nicht wie in den anderen Fenstern jede Szene getrennt gerahmt, vielmehr wird das gesamte Fenster von einer einzigen, übergreifenden Zierarchitektur eingefasst.

Im **Langhaus** sind folgende Ausstattungsstücke hervorzuheben: Die *Marienkrönung* auf dem **Imhoffaltar** (20, Maler unbekannt) von etwa 1420 ist das älteste Altarbild in der Lorenzkirche und zugleich ein wichtiges Beispiel der frühen Nürnberger Tafelmalerei. Es hat eine kräftige Farbigkeit und starke Licht- und Schatteneffekte, die die Körper der Figuren auf dem neutralen Goldgrund modellieren. Auf den Seitenflügeln kniet der Stifter Konrad Imhoff mit seinen drei Ehefrauen. Das **Epitaph für Johannes Ehrenheim** (21), um 1438 vielleicht vom »Meister des Tucheraltars« (der sich in der Frauenkirche befindet) geschaffen, fällt durch die Größe der Figuren des hl. Laurentius, des Kaiserpaars Heinrich und Kunigunde sowie des Schmerzensmanns und durch die feine Modellierung von dessen nacktem Körper auf. Den **Rochusaltar** (22) stiftete Peter I. Imhoff wohl nach der Pestepidemie von 1483/84 in Nürnberg – Rochus war der Pestheilige. Die Anregung zu dieser Darstellung kam wohl aus Venedig, wo der hl. Rochus wegen der häufigen Epidemien sehr verehrt wurde und wo Imhoff eine Niederlassung seines Handelshauses unterhielt. Ungewöhnlich ist die raffinierte spätgotische Baldachinarchitektur mit den beiden Figuren des Rochus und des Engels anstelle der üblichen einfachen Kastenform des Mittelschreins; die gemalten Seitenflügel zeigen Szenen aus dem Leben des Heiligen. Von den kunsthistorisch bedeutenden **mittelalterlichen Steinfiguren an Pfeilern des Mittelschiffs** sollte man vor allem die *Schöne Madonna mit Kind* (23) beachten, ein für Nürnberg einzigartiges Werk, denn zur Entstehungszeit um 1280 besaß die Stadt noch keine Tradition in der Bildhauerkunst (um 1380 durch Hinzufügung der *Hl. Drei Könige* zu einer *Anbetung* erweitert); den Zyklus der *Zwölf Apostel* (24; um 1380; einige Figuren auch an den Chorpfeilern), die sich durch bewegte Körper in dünnen, fließenden Gewändern und individuell gestaltete, charaktervolle Köpfe auszeichnen (nach Fertigstellung des Hallenchors wieder dort angebracht); ferner den *Erzengel Michael* (25) von etwa 1470–80, eine in strahlendem Gold gefasste Holzfigur mit überraschend dynamischer Bewegung, die auch am Gewand ablesbar ist.

Den **Tugendbrunnen** auf dem Lorenzer Platz (II D3) schuf der Nürnberger Erzgießer Benedikt Wurzelbauer (Inschrift) 1584–89 im Auftrag des Rats der Stadt, um die Lorenzer Altstadt mit Wasser zu versorgen – gleichzeitig aber auch die Wasserzufuhr ästhetisch zur Schau zu stellen. Aus dem achteckigen Wasserbecken aus Sandstein erhebt sich eine Brunnensäule mit einer reichen dreigeschossigen Figurenausstattung aus Bronze: Die christlichen Tugenden *Glaube*, *Hoffnung* und *Liebe* sowie die Kardinaltugenden *Tapferkeit*, *Mäßigung* und *Geduld* (statt der üblichen Personifikation der Klugheit) verkörperten die Ideale der Stadtregierung. Die posaunenblasenden Putti darüber halten die Stadtwappen. Auf der Spitze steht mit verbundenen Augen, Schwert und Waage in der Hand, die *Gerechtigkeit*. Der Brunnen stand ursprünglich, umgeben von zwei Brunnenhäuschen, auf dem Friedhof der Lorenzkirche, der an der Stelle des heutigen Lorenzer Platzes lag.

Das **Nassauerhaus** (II D3) ist der einzige erhaltene mittelalterliche Wohnturm in Nürnberg, einst Sitz bedeutender Nürnberger Patrizierfamilien, darunter die Haller. Solche Geschlechtertürme waren in den europäischen Städten des Mittelalters die typische Wohnform der Oberschicht. Anders als die meisten mittelalterlichen Wohnhäuser der Stadt ist das Nassauerhaus nicht aus Fachwerk, sondern ganz aus Stein gebaut. Die unteren Geschosse gehen auf das 12./13. Jh. zurück, die oberen mit abschließendem Zinnenkranz mit Maßwerkbrüstung und polygonalen Ecktürmchen stammen aus dem 15. Jh. Charakteristisch für Nürnberger Patrizierhäuser ist der im oberen Geschoss aus der glatten Fassade heraustretende, kleine gotische Erker: Sein Name »Chörlein« erinnert an den ursprünglich hier gelegenen Chor einer Hauskapelle.

St. Katharina (II E3; **Katharinenkloster**): Von dem berühmten Frauenkloster des Dominikanerordens, das einst eine hochbedeutende Bibliothek besaß, hat sich nach der Zerstörung des Zweiten Weltkriegs nur die suggestive Ruine der gotischen Kirche erhalten. Diese wurde Ende des 13. Jh.s erbaut. Nach der Einführung der Reformation in Nürnberg 1524/25 starb das Kloster langsam aus. 1620–1778 nutzten die Nürnberger Meistersinger die Kirche als Versammlungsraum. 1938/39 stellten die Nationalsozialisten hier die Reichskleinodien aus. In der Kirchenruine finden heute Open-Air-Konzerte statt.

Am **Unschlittplatz** (II C3) hat sich eines der wenigen historischen Ensembles der Altstadt erhalten. Das wichtigste Gebäude ist das 1490/91 von Stadtbaumeister Hans Beheim d. Ä. erbaute **Unschlitthaus**, neben der Mauthalle (S. 86) und der Kaiserstallung auf der Burg (S. 29) einer der drei erhaltenen von einst insgesamt zwölf Kornspeichern Nürnbergs: In den feuersicheren großen Steingebäuden mit hohem Dach lagerte die Stadt ihre Getreidevorräte. Um der Brandgefahr besser zu begegnen, hat man den vierstöckigen Dachboden durch steinerne Brandmauern, die leicht aus der Dachfläche herausragen, in drei Abschnitte unterteilt. 1562–1835 war hier das Unschlittamt untergebracht, wo Metzger ihren Talg abliefern mussten, damals ein wichtiger Rohstoff für Produkte wie Wagenschmiere.

Ehekarussellbrunnen (Ludwigsplatz, II C3): Der 1977–81 vom Braunschweiger Bildhauer Jürgen Weber geschaffene Figurenbrunnen kaschiert einen Entlüftungsschacht der U-Bahn. Angeregt von dem Gedicht »Das bittersüße eheliche Leben« des berühmten Nürnberger Meistersingers Hans Sachs (16. Jh.; hier auf einem Herz eingraviert), stellte er in den bronzenen Figurengruppen Freud und Leid des ehelichen Lebens dar. Anfangs war der Brunnen wegen der expressiv-drastischen Darstellungsweise umstritten, heute ist er eine Touristenattraktion.

Weißer Turm (II C3): Der heute auf dem Ludwigsplatz frei stehende hohe Turm mit der vorgelagerten Barbakane mit zwei Rundtürmen war ursprünglich Teil der um 1250 erbauten »Vorletzten Stadtmauer«. Nach dem Bau der neuen »Letzten Stadtmauer« (ab 1350) hat man die alte Befestigung abgetragen. Erhalten sind davon nur noch Reste in der Grübelstraße (I E2), in der Peter-Vischer-Straße (II E3) und in der Mühlgasse (II C3) sowie der Laufer Schlagturm (S. 77) im Osten, ferner der Henker- und der Wasserturm (S. 80) sowie der Schuldturm an der Pegnitz. Zur Stadtmauer s. S. 28.

St. Jakob (II C3) war einst die Kirche des Deutschen Ordens. Dieser geistliche Ritterorden wurde im 12. Jh. im Heiligen Land gegründet und gelangte alsbald auch in Europa zu Einfluss: Schließlich verfügte er im Heiligen Römischen Reich über viele Niederlassungen (Kommenden) und herrschte 1230–1561 sogar über einen eigenen Staat im Ostseeraum. Die Geschichte der Nürnberger Kommende begann 1209, als Kaiser Otto IV. dem Orden die Jakobskapelle schenkte, die zum Königshof unterhalb des Burgbergs gehörte. 1304 konnten die Ordensritter auch den Königshof erwerben. Innerhalb Nürnbergs bildete die Kommende, zu der auch das Elisabethspital gehörte, nun ein von der Stadtregierung unabhängiges, reichsunmittelbares Gebiet, was immer wieder zu Auseinandersetzungen mit dem Rat führte. Anstelle der alten romanischen Jakobskapelle errichtete man Ende des 13. Jh.s eine neue Kirche; sie wurde zwischen der ersten Hälfte des 14. Jh.s (Chor) und etwa 1500 (dreischiffiges Langhaus) nochmals erneuert. Nach der Einführung der Reformation 1524/25 blieb die Kommende eine katholische Enklave, auch wenn die Jakobskirche evangelisch wurde. Nach den Zerstörungen des Zweiten Weltkriegs hat man sie nur vereinfacht in Form eines einschiffigen Saals mit dreiteiligem Holzgewölbe wiederaufgebaut; lediglich der lange, hohe Chor mit polygonalem Abschluss, schlanken Maßwerkfenstern und Kreuzrippengewölben auf dünnen, scharfkantigen Diensten ohne Kapitelle hat seine gotische Gestalt bewahrt – hier nahmen einst die Ritter des Deutschen Ordens im Chorgestühl Platz, daher reichen in den Vorchorjochen die Rippen nicht bis zum Boden.

Vor allem die **Ausstattung** ist sehenswert: Der von zwei Mitgliedern des Ordens gestiftete **Hochaltar**, um 1370 von einem nicht namentlich bekannten Künstler geschaffen, gilt als wichtiges Beispiel eines frühen Flügelaltars der deutschen Gotik, auch wenn nach mehreren Umgestaltungen im 19. und 20. Jh. nur noch die Grundstruktur, das architektonische Rahmenwerk und die Malereien der Seitenflügel original erhalten sind. Fest montierte Bilder auf Altären setzten sich erst Anfang des 13. Jh.s durch, als die Priester wegen des Brauchs, Reliquienbehälter auf den Altartisch zu stellen, die Messe nicht mehr hinter dem Altar, sondern davor stehend mit dem Rücken zur

Gemeinde lasen. Damit war ein neues Medium zur Vermittlung von Glaubensinhalten geschaffen, das fortan seinen Siegeszug in der christlichen Kunst antrat. Im 13. und 14. Jh. verbreitete sich in Deutschland die besondere Form des wandelbaren Flügelaltars: Er besteht wie hier in St. Jakob aus einem großen festmontierten Mittelschrein und beweglichen Seitenflügeln, die wie Schranktüren zugeklappt werden können – und früher die meiste Zeit des Jahres tatsächlich geschlossen waren, so dass man nur die bemalten Außenseiten sah (»Alltagsseite«), während sich die geöffnete Innenseite nur an Festtagen (»Festtagsseite«) darbot. Den oberen Abschluss des Altars bildet ein Aufsatz in gotischen Architekturformen. Typisch für frühe Altäre sind die kleinen Einzelszenen und -figuren (anstelle der späteren zusammenhängenden Darstellungen), die sich vor Goldgrund jeweils unter einen Blendbogen gestellt aneinanderreihen, hier sogar in zwei Etagen übereinander: Im heute weitgehend leeren Mittelschrein standen ursprünglich wohl wie üblich plastisch geschnitzte Figuren (der Schmerzensmann von 1420/30 wurde erst 1962 in der Mittelnische aufgestellt). Die Darstellungen auf den Seitenflügeln (*Apostel*, *Propheten*, *Verkündigung* und *Krönung Mariens*) sind – auch dies war verbreitet – gemalt. Die qualitätvollen *Thronenden Apostel* in der Sockelzone, Hauptwerke des nach 1400 in Nürnberg beliebten Materials des farbig gefassten Tons, gehören nicht original zum Altar. Weitere interessante Ausstattungsstücke (die z. T. aus der Frauenkirche stammen) sind: im Chor die von Patrizierfamilien gestifteten **Glasmalereien** der Maßwerkfenster (spätes 15. bis 17. Jh.) mit zahlreichen Wappen, darunter vor allem das Wurzel-Jesse-Fenster von 1497; das gotische **Sakramentshäuschen** von etwa 1350, eines der frühesten seiner Art in Franken; die Sandsteinfiguren unter den Baldachinkonsolen der Wanddienste (1340/50); die Aufschwörschilde, die die Ritter anlässlich ihrer Aufnahme in den Deutschen Orden stifteten; im Langhaus drei Altäre des späten 15. und frühen 16. Jh.s – typische Beispiele des vollständig skulptierten Flügelaltars, wenn auch z. T. nur fragmentarisch erhalten; mehrere Holzfiguren, darunter Werke von Veit Stoß und seiner Werkstatt; ferner die **Beweinung Christi**, ein Hauptwerk der Nürnberger Plastik um 1500 (Künstler unbekannt), mit Maria, die unterstützt von Johannes voller Schmerz ihren soeben vom Kreuz abgenommenen, toten Sohn im Schoß hält und betrauert: ein typisches Andachtsbild, das durch die gefühlsbetonte Darstellung vor allem von ›traurigen‹ Themen aus der Passion Christi die mystische Versenkung des Gläubigen im privaten Gebet unterstützen sollte. Die Gebäude der Deutschordenskommende sind Mitte des 19. Jh.s abgerissen worden.

St. Elisabeth (II C3) gehörte ursprünglich zum 1210 gegründeten Hospital der Deutschordenskommende. Als die um 1280 erbaute gotische Hauskapelle, der Vorgängerbau der heutigen Kirche, Ende des 17. Jh.s endgültig zu klein geworden war – St. Elisabeth blieb nach der Reformation die einzige katholische Kirche Nürnbergs –, bemühte sich der Deutsche Orden um einen Neubau, stieß jedoch auf den Widerstand der protestantischen Stadtregierung. Erst nach jahrzehntelangen Verhandlungen konnte man 1785 endlich mit dem Kirchenbau nach Entwürfen von Franz Ignaz Michael Neumann (Sohn des berühmten Balthasar Neumann) beginnen – auf ihn geht die Grundidee eines Zentralraums mit Anbauten zurück. Aber wegen des baldigen Todes des Architekten kam es mehrmals zu Planwechseln, bis der Bauauftrag 1790 schließlich an Wilhelm Ferdinand Lipper aus Münster ging. Dieser ließ die bereits errichteten Mauern seiner Vorgänger abreißen und die Kirche bis zu seinem Tod im Jahr 1800 nach eigenen Entwürfen erbauen. Bis zur Auflösung der Kommende 1806 konnte nur der Außenbau fertiggestellt werden, das Innere wurde erst

1902/03 in Anlehnung an Lippers Pläne vollendet. Nach weitgehender Kriegszerstörung 1942–45 hat man die Kirche 1947–50 rekonstruiert.

Den kubischen **Außenbau** aus Sandsteinquadern beherrschen die Säulenfront mit Dreiecksgiebel nach Art eines antiken Tempels und die hohe Tambourkuppel. Das **Innere** ist in einen runden, überkuppelten Zentralraum und tonnengewölbte, rechteckige Seitenräume im Osten und Westen (für Altar und Orgel) aufgeteilt. Die Kreisform des Zentralraums artikulieren vierzig monumentale korinthische Vollsäulen aus rotem Stuckmarmor und das mächtige, umlaufende Gebälk, auf dem unmittelbar der pilastergeschmückte Tambour und die kassettierte Kuppel mit Opaion (runde Öffnung im Scheitel) aufsitzen – Vorbild war das Pantheon in Rom. St. Elisabeth ist trotz der späten Realisierung des Inneren ein interessantes Beispiel klassizistischer Architektur mit enger Anlehnung an antike Bauten. Die Ausstattungsstücke sind ausschließlich Skulpturen aus hellem Stein, was den kühlen Gesamteindruck der Architektur unterstreicht. Vom Anfang des 20. Jh.s stammen der Hochaltar mit der *Kreuzigung*, der Seitenaltar mit der *Pietà* sowie die Apostelstatuen im Kuppeltambour. Die übrigen Altäre, stilistisch deutlich moderner, wurden 1956–61 von Rudolf Göschel und Luis Rauschenhuber geschaffen.

Außerhalb der Altstadt

Vom Hauptbahnhof über den Plärrer bis zum Justizpalast

Der **Hauptbahnhof** (II E4) wurde 1900–06 nach Entwürfen des Architekten und Beamten der Bayerischen Staatsbahn Karl Zenger anstelle des älteren, kleineren Bahnhofs im Stil des Neobarock erbaut. Beherrschendes Motiv des mit Muschelkalk verkleideten Eingangsgebäudes sind die Mittel- und Seitenpavillons mit den riesigen Arkaden. 1904/05 gestaltete Bruno Paul den als Restaurant genutzten Saal in Jugendstilformen aus (heute Reisezentrum). Vor dem Bahnhof steht eine Litfaßsäule aus dem frühen 20. Jh. Nach Kriegszerstörungen (Ausnahme: Jugendstilsaal) erfolgte der vereinfachte Wiederaufbau.

Opernhaus (II D4): Da sich im 19. Jh. die Bevölkerung Nürnbergs im Zuge der Industrialisierung verzehnfacht hatte, reichte das alte Theater im Stadtzentrum (1945 zerstört) nicht mehr aus. Daher wurde 1903–05 quer zum Frauentorgraben nach Entwürfen des versierten Berliner Theaterarchitekten Heinrich Seeling das heutige Opernhaus im Stil des Neobarock errichtet, mit Anklängen – so hatte die Forderung gelautet – an die Nürnberger Renaissance des 16. Jh.s. Mit 4,3 Millionen Mark Baukosten war es damals der teuerste Theaterbau Europas. Die Aufteilung in die drei funktionalen Bereiche Vestibül mit Haupttreppen, Zuschauerraum und Foyer sowie Bühnenhaus orientiert sich an der Pariser Oper. Die kostbare Jugendstilausstattung gestaltete Paul Schultze-Naumburg 1935 in einfacheren Formen um. Der Wiederaufbau nach Kriegszerstörungen orientiert sich am Vorkriegszustand.

Verkehrsmuseum (II D4): s. S. 146.

Volksbad (III B4): Die 1911–13 von dem Architekten Carl Weber und dem Ingenieur Friedrich Küfner nach dem Vorbild des kurz zuvor in München erbauten Müllerschen Volksbads in Jugendstilformen errichtete Anlage galt damals als größte und modernste Badeanstalt Deutschlands – mit drei überwölbten Schwimmhallen, Wannenbädern, Duschen, Dampf- und Hundebädern; nicht jeder hatte damals ein Badezimmer in der eigenen Wohnung. Nach schweren Kriegszerstörungen wurde das Volksbad vereinfacht wiederaufgebaut. Seit der Schließung 1994 hat man um ein überzeugendes Nutzungskonzept gerungen, bis 2020 endlich die Pläne zur Sanierung als Hallenbad mit Wellness-Bereich vorgestellt wurden. Die Fertigstellung ist für 2024 geplant.

Der **Rochusfriedhof** (III B4), benannt nach dem Pestheiligen Rochus, ist wie der Johannisfriedhof (S. 120) ein bedeutender historischer Begräbnisplatz. Während der Pest 1517/18 beschloss der städtische Rat, vor den Toren der Stadt einen Friedhof für die Toten der Lorenzer Stadtseite anzulegen. Seinen Charakter bestimmen noch heute wie beim Johannisfriedhof die west-ost-gerichteten, sarkophagartigen Sandsteingrabmäler, die Epitaphien aus Bronze oder Messing schmücken – darunter bedeutende Werke der Gießerkunst, mit Inschriften, Wappen oder figürlichen und ornamentalen Reliefs. Die ältesten Grabmäler liegen bei der 1520 von Konrad Imhoff gestifteten **Rochuskapelle** des Architekten Hans Beheim d. Ä., einem Bau mit einschiffigem, dreijochigem Langhaus mit Netzgewölbe und polygonalem Chor mit Sterngewölbe: Im frühen 16. Jh. war in Nürnberg noch der spätgotische Architekturstil üblich. Auch die Ausstattung mit Altären, Epitaphien, Glasmalereien, Skulpturen und Totenschilden stifteten Mitglieder der Familie Imhoff im 16. und 17. Jh. Anders als die Architektur zeigt der Hochaltar aus der Erbauungszeit der Kapelle schon Renaissanceformen. Die Gemälde des seitlichen Rosenkranzaltars schuf 1522 Hans Burgkmair, ein wichtiger Augsburger Künstler. Veit Hirsvogel, Nürnbergs bedeutendster Glasmaler, war für die Fenster verantwortlich (1520). Sie zeigen Szenen aus dem Marienleben sowie die Namenspatrone der Stifter und sind von Renaissancearchitekturen gerahmt.

Jüdischer Friedhof (III A2): Nachdem die Juden 1499 aus Nürnberg vertrieben worden waren, durften sie sich erst 1850 wieder in der Stadt ansiedeln. 1864 legte man für sie einen eigenen Friedhof an, der bis 1922 in Benutzung war. Trotz der Zerstörungen im Zweiten Weltkrieg bietet die Anlage noch heute das charakteristische Bild einer jüdischen Begräbnisstätte.

Justizpalast (III A3): Der zwischen 1909 und 1916 errichtete, weitläufige Gebäudekomplex unterscheidet sich von den prächtigen älteren Justizpalästen Deutschlands durch eine schlichtere Bauform, die von Nürnberger Vorbildern des Spätmittelalters und der Renaissance wie den Kornhäusern angeregt ist. Der historistische Stil der Architektur stand im Gegensatz zur modernen technischen Ausstattung im Inneren, etwa mit Aufzügen. Nach dem Zweiten Weltkrieg erlangte der (weitgehend von Kriegszerstörungen verschonte) Justizpalast weltweit Berühmtheit, denn im Schwurgerichtssaal (Sitzungssaal 600) fanden 1945–49 vor dem Internationalen Gerichtshof die Nürnberger Prozesse gegen die »Hauptkriegsverbrecher« und andere Vertreter des NS-Regimes statt. Dafür wurden damals mehrere Umbauten vorgenommen, die man 1961 wieder rückgängig gemacht hat, um den Saal für ›normale‹ Gerichtsverhandlungen nutzen zu können. Seit 2020 wird er als Ort des Austauschs und der Erinnerung für Veranstaltungen genutzt und ist in das **Memorium Nürnberger Prozesse** (Bärenschanzstraße 72) einbezogen: eine Dauerausstellung, die über die Kriegsverbrecherprozesse und deren Bedeutung für die Entwicklung des modernen Völkerstrafrechts informiert.

Vom Hauptbahnhof über das ehemalige Reichsparteitagsgelände nach Altenfurt

Zum Hauptbahnhof (II E4) s. S. 110.

St. Peter und Paul (III G5; auch: **Peterskapelle**) wurde als Siechkobelkapelle für eines von vier Spitälern für Pest- und Leprakranke vor den Toren der Stadt errichtet. Der Bau geht auf ein testamentarisches Vermächtnis des 1440 verstorbenen Gabriel Tetzel zurück, wurde aber wegen des Protests des Bamberger Bischofs und des Pfarrers von St. Lorenz erst Jahre später realisiert und 1470 schließlich vollendet. Im Zweiten Weltkrieg erlitt die Kapelle nur wenige Schäden; sie wurden 1945–48 behoben. An das flach gedeckte Langhaus schließt sich ein höherer, polygonal geschlossener Chor mit großen spitzbogigen Fenstern und einem Netzgewölbe an – eine schlichte gotische Architektur (die Holzempore entstand 1750). Der Hochaltar mit *Christus am Kreuz* stammt erst aus der Barockzeit, doch der nördliche Seitenaltar (unter der Empore) wurde bereits 1437 von Nikolaus Koler gestiftet: ein auf Goldgrund gemaltes Triptychon, wahrscheinlich vom »Meister des Cadolzburger Altars«, mit *Kreuzigung* im Zentrum und Heiligen auf den Seitenflügeln sowie der Stifterfamilie im unteren Bildstreifen. Die übrigen Gemälde, Epitaphien und Totenschilde stammen aus dem 16.–18. Jh.

Zeltnerschloss (III I4): Die Ursprünge des malerisch in einem Weiher gelegenen Herrensitzes gehen auf das 14. Jh. zurück, als er u. a. Konrad Groß gehörte, dem Stifter des Heilig-Geist-Spitals. Wie viele dieser Herrensitze, die sich die kaufmännische Oberschicht vor den Toren Nürnbergs erbaute, wurde auch dieses Anwesen in den kriegerischen Auseinandersetzungen des 16. Jh.s zerstört. Der heutige kubische Sandsteinbau geht auf das Jahr 1589 zurück: Er ist ein typisches Beispiel für einen Nürnberger Herrensitz des späten 16. Jh.s.

◆ Das **Reichsparteitagsgelände** (III 17) gehört zu den bekanntesten Beispielen nationalsozialistischer Monumentalarchitektur. Nachdem Adolf Hitler 1933 Nürnberg offiziell zum Austragungsort der Reichsparteitage erklärt hatte, ließ er südöstlich des Stadtzentrums auf einem über 15 Quadratkilometer großen Areal eine riesige Anlage aus mehreren Kolossalbauten und Aufmarschflächen anlegen – die architektonische Bühne für die größte Propagandaveranstaltung des NS-Regimes, mit Hunderttausenden von Teilnehmern und Zuschauern. Zur Beschaffung der gewaltigen Mengen von Granit zur Verkleidung der Gebäude aus Ziegeln oder Stahlbeton setzte man in den fast 300 Steinbrüchen auch KZ-Häftlinge ein – viele verloren darin ihr Leben. Die Baukosten waren mit 600 Millionen Reichsmark veranschlagt. Allerdings konnte bis zum Zweiten

Reichsparteitagsgelände, Kongresshalle

Weltkrieg nur ein Teil des megalomanen Projekts realisiert werden. Während des Krieges richtete man auf dem Gelände ein Lager für Zwangsarbeiter und Kriegsgefangene sowie Sammellager für die Deportation von Juden ein. Nach dem Krieg tat man sich zunächst schwer mit dem architektonischen Erbe der NS-Zeit und versuchte, sich durch Abriss einiger Bauten von der drückenden Last der Vergangenheit zu befreien. Die erhaltenen Gebäude und Freiflächen wurden zunächst von der US-Armee und dann von der Stadt Nürnberg für verschiedene Zwecke genutzt, u. a. als Lagerraum und Ort für Großveranstaltungen wie das Nürnberger Volksfest und Konzerte; in einigen Bereichen entstanden Neubauten. Pläne zum Umbau der NS-Architektur scheiterten. In den 1980er Jahren wurde der Ruf nach einem bewussten, kritischen Umgang mit den NS-Bauten laut. 2001 konnte endlich das Dokumentationszentrum Reichsparteitagsgelände gegründet werden. Obwohl heute nur noch einige Bauabschnitte der Kongresshalle und des Zeppelinfeldes mit der Zeppelintribüne sowie die Große Straße zu besichtigen sind, stellt das Reichsparteitagsgelände noch immer ein beredtes Zeugnis des architektonischen Größenwahns der Nationalsozialisten dar. Neben dem Berliner Flughafen Tempelhof und der Siedlung Prora auf Rügen ist es der größte erhaltene Baukomplex der NS-Zeit.

Als Bauplatz für das Großprojekt wählte man den Luitpoldhain südlich der Altstadt, seit dem 19. Jh. ein beliebtes Freizeit- und Erholungsgebiet, mit Grünflächen, Seen, Gaststätten und der Luitpoldhalle für die Bayerische Jubiläums-Landes-Ausstellung von 1906. In den 1920er Jahren waren eine Sportanlage mit Stadion und das vom Architekten Fritz Mayer errichtete Denkmal für die Gefallenen des Ersten Weltkriegs im Bauhausstil hinzugekommen. Diese bestehenden Bauten wurden 1933 zum Ausgangspunkt für die ersten Umbaumaßnahmen genommen, ohne dass schon ein Gesamtplan für die ganze

Anlage vorgelegen hätte. Eine Schlüsselstellung kam dem Gefallenendenkmal mit der Ehrenhalle zu: Die davor gelegene Parkanlage wurde zur **Luitpoldarena** ausgebaut, einem Aufmarschfeld für die Sturmabteilung (SA) und die Schutzstaffel (SS), die hier am Ritual der NS-Totenehrung mit der »Blutfahnenweihe« teilnahmen. 1959/60 trug man die Anlage ab, um hier die **Meistersingerhalle** (III H6) von Harald Loebermann zu errichten.

Das erste groß dimensionierte Neubauprojekt der NS-Zeit war die **Kongresshalle** von 1934–37 des Nürnberger Architekten Ludwig Ruff. Der gigantische, U-förmige Komplex, dessen Äußeres an das Kolosseum in Rom erinnert, sollte die damals größte Halle der Welt für 60 000 Teilnehmer der Parteikongresse der NSDAP aufnehmen. Aber das riesige Projekt blieb ein Torso: Das oberste Geschoss, die Eingangshalle und die Überdachung der Halle wurden nicht mehr ausgeführt. Seit 2001 befindet sich im rechten Kopfbau das **Dokumentationszentrum Reichsparteitagsgelände** mit der Dauerausstellung »Faszination und Gewalt«, die sich der Geschichte der Reichsparteitage, den Bauten des Geländes und der NS-Zeit widmet. Der Neubau des österreichischen Architekten Günter Domenig möchte mit seinen schrägen Winkeln und den transparenten Glasfassaden einen bewussten Gegensatz zum monumentalen Stil des NS-Baus setzen.

1934 entwickelte Albert Speer, inzwischen als Hitlers bevorzugter Architekt auch mit der Ausgestaltung Berlins zur »Welthauptstadt Germania« beauftragt, einen architektonischen Gesamtplan für die weitere Bebauung des Geländes mit Zeppelinfeld und -tribüne, Deutschem Stadion und Märzfeld sowie mit dem südlich anschließenden Lagerareal aus Baracken und Zelten für die Teilnehmer der Parteitage. Die Große Straße durchzog als Hauptachse das gesamte Areal. Weite Teile dieses Bauprogramms kamen bis zum Zweiten Weltkrieg nicht über die Anfänge hinaus bzw. wurden gar nicht mehr in Angriff genommen, vor allem nicht das **Märzfeld**, der Zielpunkt der Großen Straße zur Abhaltung militärischer Manöver, und das **Deutsche Stadion** für 400 000 Zuschauer der »Nationalsozialistischen Kampfspiele« – es sollte das größte Stadion der Welt werden. Heute erinnert nur noch der Silbersee, die mit Grundwasser vollgelaufene Baugrube, an das überdimensionierte Projekt. Realisiert wurden hingegen das Zeppelinfeld mit der Tribüne und die Große Straße sowie das Lagergelände.

Die 1935–39 angelegte, zwei Kilometer lange und 60 Meter breite **Große Straße** sollte als Aufmarschstrecke für Paraden die Verbindung zum Märzfeld im Süden schaffen. Nach Norden richtet sich die Achse auf die ferne Kaiserburg in der Altstadt aus, um einen symbolischen Bezug zu Nürnbergs Vergangenheit als Stadt der mittelalterlichen Reichstage herzustellen. Zur besseren Orientierung der Marschierenden hat man die Straße mit Granitplatten in einem zweifarbigen Streifenmuster gepflastert. Nach dem Zweiten Weltkrieg nutzte die US-Luftwaffe die Straße als Roll- und Landebahn, heute ist sie ein Parkplatz. Auf dem 1935–37 ausgebauten **Zeppelinfeld** (benannt nach Graf Zeppelin, der 1909 hier, damals eine Wiese, mit einem seiner Luftschiffe gelandet war) fanden die meisten großen Massenveranstaltungen der Reichsparteitage statt: von den Paraden des Reichsarbeitsdienstes bis zu den Schaumanövern der Wehrmacht mit den aus Flakscheinwerfern gebildeten »Lichtdomen« – eine der bekanntesten Inszenierungen nationalsozialistischer Propaganda. Die von Speer entworfene, 350 Meter lange Haupttribüne, die **Zeppelintribüne**, mit Pfeilerhallen und Mittelbau mit »Führerkanzel« für Hitlers Ansprachen und vergoldetem Hakenkreuz auf dem Dach sowie seitlichen Kopfbauten ist, ins Riesenhafte gesteigert, der Grundform des berühmten antiken Pergamonaltars (im Pergamonmuseum, Berlin) nachempfunden. Nachdem man in den

1960er Jahren einen Großteil der Tribüne abgetragen hat, zeugen heute nur noch der Mittelteil (das Hakenkreuz wurde 1945 gesprengt) mit dem Goldenen Saal im Inneren sowie die seitlichen Stufen von diesem Großprojekt.

Nürnberg-Altenfurt, St. Johannis und St. Katharina (Übersichtskarte, südöstlich der Innenstadt, Leonhard-Übler-Platz): Der überkuppelte Rundbau wurde Mitte des 12. Jh.s errichtet, die Apsis im 13. Jh. hinzugefügt. Die ungewöhnliche Bauform der Kapelle wird als Nachbildung der Heilig-Grab-Kirche in Jerusalem gedeutet. Möglicherweise stiftete Kaiser Konrad III. die Rundkirche nach seiner Rückkehr vom Zweiten Kreuzzug 1149. In der Nachbarschaft liegt der ehemalige Scheurlsche Herrensitz aus dem 17. Jh.

Vom Tiergärtnertor zum Johannisfriedhof

Der **Nürnberger Kreuzweg** (auch: Adam-Kraft-Kreuzweg) führt in sieben Stationen vom Pilatushaus am Tiergärtnertor (I D2) über die Burgschmietstraße (I C2) zum Johannisfriedhof (III B1): Auf diesem Weg wurden die Toten des Sebalder Stadtviertels zu Grabe getragen. Die Stationen stattete der Bildhauer Adam Kraft 1506–08 mit Reliefs mit der *Passion Christi* aus – typische Themen für die mystische Frömmigkeit des Spätmittelalters (Kopien; Originale im Germanischen Nationalmuseum; die *Grablegung* in der Holzschuherkapelle; die *Kreuzigung* im Heilig-Geist-Spital). In den sehr qualitätvollen Reliefs gelingt es Kraft, die Figuren so in verschiedenen Ebenen hintereinanderzustaffeln, dass die Illusion räumlicher Tiefe entsteht – das lässt die Szenen lebendig wirken und bringt somit dem Gläubigen das Geschehen näher. Der Kreuzweg bot die Möglichkeit, den Leidensweg Christi in Jerusalem nachzuvollziehen, ohne dass man die kostspielige und mühsame Reise ins Heilige Land auf sich nehmen musste. Auftraggeber des Kreuzwegs war vermutlich der Rat der Stadt, vielleicht war es aber auch der Bamberger Ritter Heinrich Marschalk von Rauheneck, der eine Pilgerfahrt ins Heilige Land unternommen hatte und wenig später in seiner Heimatstadt einen solchen Kreuzweg stiftete.

Hesperidengärten (III B2): Da im 16. Jh. innerhalb der Stadt der Platz knapp wurde, verlegten die wohlhabenden Kaufleute ihre Gärten vor die Tore der Stadt. So entwickelte sich außerhalb des Befestigungsrings ein Kranz von über 300 Nutzgärten. In der Renaissance- und Barockzeit gestalteten die Besitzer diese meist langgestreckten, schmalen Grundstücke zu prachtvollen Ziergärten nach italienischem Vorbild um, mit Sommerhäusern, geometrisch angelegten Blumenbeeten, geschnittenen Buchshecken, Brunnen und Skulpturen. Eine Anregung aus dem Süden war auch die äußerst beliebte Kultivierung von Zitrusfrüchten, insbesondere von Pomeranzen, die wegen ihrer leuchtenden Farbe mit den goldenen Äpfeln der Hesperiden aus der griechischen Mythologie verglichen wurden. Letzte Zeugnisse dieser einst hohen Nürnberger Gartenkunst, wenn auch in nicht originalgetreu rekonstruierter Form, sind die Anlagen in der Johannisstraße 13, im 16. Jh. der Garten des Humanisten Willibald Pirckheimer, sowie die drei miteinander verbundenen Komplexe von Nr. 43, 45 und 47.

Friedenskirche (III B1): Die 1925–20 in vereinfachten mittelalterlichen Formen nach Plänen von German Bestelmeyer erbaute Kirche brannte 1944 aus. Nach der Wiederherstellung hat man 1952 Ausstattungsstücke aus der kriegszerstörten Heilig-Geist-Kirche hierhergebracht, darunter den berühmten **Peringsdörfferaltar** von etwa 1486: ein wandelbarer Flügelaltar mit den farbig gefassten Schnitzfiguren der *Beweinung Christi* im Mittelschrein, die neuerdings dem Bildschnitzer Sixtus Frei zugeschrieben werden, und gemalten Seitenflügeln mit Szenen aus dem Leben Jesu, die aus der Werkstatt von Michael Wolgemut stammen. Ein typisches Gesprenge in filigranen spätgotischen Architekturformen bildet den oberen Abschluss des Altars.

◆ Der **Johannisfriedhof** (III B1) gehört wie der Rochusfriedhof (S. 111) zu den ältesten und kulturhistorisch bedeutendsten öffentlichen Friedhöfen Europas. Keimzelle war einer der vier Nürnberger Siechkobel aus dem 13. Jh., die außerhalb der Stadt an den Hauptausfallstraßen lagen: Spitäler für die der Stadt verwiesenen Leprakranken mit Kapelle und Friedhof. 1395 kam ein Pestfriedhof hinzu. Der heutige, 3,8 Hektar große Friedhof geht auf den Beschluss des Stadtrats von 1518/20 zurück, innerstädtische Bestattungen aus hygienischen Gründen – damals sehr modern – zu verbieten und die Toten von nun an außerhalb der Mauern zu begraben. St. Johannis wurde der Friedhof für die Bewohner der Sebalder und St. Rochus der für die Lorenzer Stadthälfte. Die in Ost-West-Richtung angeordneten Gräber mit sarkophagähnlichen Steinplatten verleihen dem Johannisfriedhof sein charakteristisches Aussehen. Darauf sind Epitaphien aus Bronze oder Messing mit Inschriften und Wappen der Verstorbenen sowie manchmal auch mit figürlichen Reliefs angebracht – dieser einzige erlaubte Schmuck auf den einheitlichen Gräbern zeugt von der hohen Qualität der Nürnberger Gießerkunst. Im 16. Jh. war diese Grabform zunächst der patrizischen Oberschicht vorbehalten, wurde aber schon bald auch den Bürgern gestattet. Daher gibt es so viele Darstellungen handwerklicher Tätigkeiten. Auf dem Friedhof sind prominente Nürnberger Persönlichkeiten bestattet, darunter Künstler wie Albrecht Dürer und Veit Stoß sowie der Humanist Willibald Pirckheimer.

Auf dem Friedhof haben sich zwei Kapellen erhalten. Die im 14. Jh. erbaute, gotische **Johanniskapelle** des Leprosenhauses besitzt ein einschiffiges, flachgedecktes Langhaus und einen kreuzgratgewölbten, polygonal geschlossenen Chor – beide mit großen Maßwerkfenstern. Es ist das einzige mittelalterliche Bauwerk in Nürnberg, das den Zweiten Weltkrieg unversehrt überstanden hat, einschließlich der alten Glasfenster (überwiegend aus dem späten 15. und dem 16. Jh.), einiger Epitaphien, Totenschilde, Holzfiguren und einer Sakramentsnische mit reichem gotischen Dekor von 1380 sowie dreier interessanter spätgotischer **Altäre** – dies sind: der von Fritz Holzschuher und seiner Gattin gestiftete Hochaltar (1511–16), mit den plastischen Figuren *Maria* und *Johannes Evangelist* und *Johannes der Täufer* im Mittelschrein (Umkreis Veit Stoß) und gemalten Seitenflügeln von Wolf Traut (1511/12) mit Szenen aus dem Leben Mariens und der beiden Heiligen; der Imhoffaltar (vor 1511), gestiftet von Peter Imhoff, mit gemalten Seitenflügeln von Wolf Traut (Mittelbild später); der Passionsaltar, um 1440 vom »Meister des Tucheraltars« geschaffen, mit Szenen aus der Passion Christi auf Goldgrund, darunter im Zentrum die *Kreuzigung*.

Die zweite Kapelle, die **Holzschuherkapelle** (auch **Heilig-Grab-Kapelle**), wurde 1506/07 vom Stadtbaumeister Hans Beheim d. Ä. im Auftrag des Rats der Stadt und einiger Patrizierfamilien anstelle der älteren Stephanuskapelle als Friedhofskapelle erbaut, die zugleich den Abschluss des Kreuzwegs bildete. Ab 1523 nutzte die vornehme Familie Holzschuher die kleine Kirche als Grabkapelle – daher der bis heute übliche Name. Der ungewöhnliche Typ des Rundbaus mit angefügtem Chor war bei Friedhofskapellen beliebt und sollte zudem – wie häufiger in Europa anzutreffen – eine, wenn auch nicht exakte, Nachbildung der Heilig-Grab-Kirche in Jerusalem sein und Gläubigen einen Ersatz für eine Pilgerfahrt zur Grabstätte Christi im Heiligen Land bieten. Der spätgotische Innenraum besitzt ein Sterngewölbe, dessen in der Mitte ›luftig‹ herabhängende Rippen sich in einem Schlussstein vereinigen – ein beliebtes Motiv der spätgotischen Architektur. Der Flügelaltar im Chor von etwa 1507 zeichnet sich durch einen kielbogenförmigen Abschluss und Reliefs sowohl im Mittelschrein (*Auferstehung Christi*) als auch in den Seitenflügeln (*Christus in der Vorhölle* und *Christus bei Maria Magdalena*) aus (Umkreis von Veit Stoß). Kunsthistorisch wichtig ist vor allem im rechteckigen Anraum die Gruppe der *Grablegung Christi* von Adam Kraft von 1507/08 – die letzte Station des Kreuzwegs: thematisch eine Anspielung auf die Funktion der Kirche.

Von Wöhrd zum Industriegut Hammer

St. Bartholomäus (III G2) geht ursprünglich auf eine Stiftung der Burggrafen Friedrich VI. und Johann aus dem späten 14. Jh. zurück. Die Kirche hatte einst einen gewölbten Hallenchor und wurde im Markgrafenkrieg 1552 und erneut im Zweiten Weltkrieg teilzerstört. Anschließend wurde sie teilweise in neuen Formen wiederaufgebaut. Sie ist hauptsächlich wegen der historischen Ausstattung interessant, darunter: der spätgotische Flügelaltar im Chor von 1501 aus der Werkstatt des Malers Wolf Traut, mit einer geschnitzten Figurengruppe des *Gnadenstuhls* im Mittelschrein und den Reliefs *Hl. Katharina* und *Hl. Johannes der Täufer* auf den Seitenflügeln (aus St. Veit 1564 hierher überführt); drei Fenster mit Glasmalereien im Chor aus der Werkstatt von Veit Hirsvogel nach Entwürfen von Hans Baldung Grien bzw. aus dem Umkreis von Albrecht Dürer (Anfang 16. Jh.; ursprünglich im Kreuzgang des 1525 aufgelösten Karmelitenklosters).

Museum Industriekultur (III I1): s. S. 143.

Mögeldorf, (Übersichtskarte, nordöstlich der Innenstadt) das aus einem 1025 erstmals urkundlich erwähnten Königshof Konrads II. hervorging, ist älter als Nürnberg. Die Keimzelle des Ortes bildet das auf einem Hügel oberhalb der Pegnitz gelegene Ensemble aus der Kirche St. Nikolaus und St. Ulrich und dem Hallerschloss. Dieser alte Kern hat trotz der Eingemeindung nach Nürnberg 1899 noch Teile seiner alten Struktur bewahrt. Sehenswert sind die gotische Kirche **St. Nikolaus und St. Ulrich**, mit einem polygonalen Chor aus dem 14. und einem Langhaus aus dem frühen 15. Jh., Resten von Wandmalerei von etwa 1420 sowie barockem Hochaltar und Kanzel; außerdem mehrere Herrensitze, die das Nürnberger Patriziat im Spätmittelalter und in der Renaissance wegen der reizvollen Lage hier gerne erbaute, darunter: das **Hallerschloss** (Kirchenberg 7–11) aus dem 13./14. Jh., mit vorkragendem Obergeschoss aus Fachwerk des 15. Jh.s sowie dem 1691 hinzugefügten Imhoffbau; auch die übrigen Herrensitze gehen im Kern auf das Spätmittelalter zurück, wurden aber im zweiten Markgräflerkrieg Mitte des 16. Jh.s zerstört, anschließend wiederaufgebaut und später verändert – die heutige Gestalt des **Baderschlosses** (Hauptstraße 55) stammt von 1795, die des **Schmausenschlosses** (Ziegenstraße 12–20) von 1682 und die des **Cnopfschen Schlosses** (Ziegenstraße 3–5) von 1880.

Industriegut Hammer (Übersichtskarte, nordöstlich der Innenstadt, Christoph-Carl-Platz): Die ummauerte, idyllische kleine Siedlung ist ein einzigartiges Beispiel einer frühen Industriesiedlung. Aus einer Mühle des 14. Jh.s ging im 15. Jh. ein Hammerwerk zur Produktion von Messingblech hervor, das im 16. Jh. zerstört und anschließend wiederaufgebaut und erweitert wurde. Die kleinen Arbeiterhäuser aus Sandsteinquadern stammen im Kern aus dieser Zeit, einige erst aus dem 17./18. Jh. Das im Zweiten Weltkrieg zerstörte Herrenhaus aus dem 17. Jh. steht nur noch als Ruine. Der barocke Obelisk kam erst 1861 aus den Volckamerschen Gärten in Nürnberg hierher. Die soziale Absicherung der Arbeiter seit dem 17. Jh. war vorbildlich.

Ausgewählte Ziele in der Umgebung

Siehe jeweils die Übersichtskarte auf S. 150.

Zwischen Nürnberg und Erlangen

Neunhof: Der 1246 erstmals in Quellen genannte Ort war seit dem 14. Jh. im Besitz der Patrizierfamilie Kreß von Kressenstein. Ende des 15. Jh.s ließ Hans Kreß **Schloss Neunhof** (Neunhofer Schlossplatz 4) erbauen, heute der besterhaltene der einst über siebzig Herrensitze, die das Nürnberger Patriziat vor den Toren der Stadt als Land- und Sommerschlösser hatte. Das von Zwinger und Graben umgebene Wasserschloss hat ein massives Untergeschoss und ein vorkragendes Obergeschoss mit großen Zwerchhäusern in Fachwerk. Als das Schloss im 18. Jh. als Jagdsitz diente, hat man die barocke Parkanlage mit Gartenpavillon geschaffen (1978/79 rekonstruiert). Das Innere vermittelt mit seiner so gut erhaltenen wie seltenen Einrichtung des 16.–19. Jh.s, ergänzt um Objekte des Germanischen Nationalmuseums, das Schloss Neunhof als Zweigstelle nutzt, einen anschaulichen Eindruck vom damaligen Landleben der Oberschicht. In der barocken Hauskapelle hat sich ein seltenes Beispiel der Nürnberger Orgelbaukunst bewahrt.

Kraftshof: Das spätmittelalterliche Ensemble aus Wehrkirche und befestigtem Wehrfriedhof, wo die ansässige Bevölkerung bei Gefahr Zuflucht finden konnte, gehört zu den besterhaltenen seiner Art. Das 1269 erstmals dokumentarisch genannte Dorf kam um 1300 in den Besitz der Nürnberger Patrizierfamilie Kreß von Kressenstein, die später hier auch einen Herrensitz hatte (zerstört). Friedrich von Kreß ließ 1305–15 die Wehrkirche **St. Georg** erbauen; 1438–40 erhielt sie ihre heutige Gestalt als Saalbau mit mächtigem Chorturm. Im Inneren haben sich mehrere Flügelaltäre des späten 15. Jh.s sowie Grabdenkmäler der Familie Kreß aus dem 16.–18. Jh. erhalten. Den fünfeckigen **Wehrfriedhof** mit sarkophagartigen Grabmälern befestigt eine hohe, stellenweise begehbare Mauer mit vorspringenden Ecktürmen (um 1505/10). Der südöstliche Turm beherbergt die Gruftkapelle der Familie Kreß (1634 ausgebaut).

In der Nähe liegt der **Irrhain** (Lachfelderstraße), ein Garten, in dem sich einst der »Pegnesische Blumenorden« versammelte. Diese Gesellschaft zur Förderung der deutschen Sprache und Dichtung wurde 1644 gegründet und besteht bis heute. In dem 1676 labyrinthartig gestalteten Garten gab es mehrere Poeten-Hütten. Jedes Mitglied – sie nannten sich »Pegnitzschäfer« – konnte sich zum Dichten in eine dieser Hütten zurückziehen. Die später mehrfach veränderte Gartenanlage hat sich nur noch in vereinfachter Form erhalten; bestehen geblieben sind mehrere Gedenksteine des 18. und 19. Jh.s für Mitglieder, der Obelisk für den Dichter Christoph Martin Wieland sowie das Eingangsportal von 1894.

Erlangen

Die Stadt Erlangen ist als gut erhaltene, barocke Plan- und Idealstadt sowie als Sitz einer großen Universität und des Siemens-Konzerns bekannt. Die 1021 erstmals urkundlich erwähnte Siedlung gehörte zum Hochstift Bamberg, bis Kaiser Karl IV. sie 1361 kaufte und zur Stadt erhob. Schon 1402 fiel sie an die Burggrafen von Nürnberg. Bis 1791 blieb Erlangen im Besitz von deren Nachfolgern, den Markgrafen von Brandenburg-Kulmbach, später Bayreuth.

Der einst kleine Ort gewann erst an Bedeutung, als Markgraf

Christian Ernst, der sich schon in seiner Residenzstadt Bayreuth als Bauherr und Mäzen hervorgetan hatte, ab 1686 südlich der mittelalterlichen, seither Altstadt genannten Ortschaft die barocke Planstadt Neu-Erlang anlegen ließ, um hier calvinistische Glaubensflüchtlinge aus Frankreich, die Hugenotten, anzusiedeln. Weniger um religiöse Toleranz als um seinen Ruhm als Städtegründer und um ökonomischen Nutzen bemüht, versprach er sich von den *réfugiés*, wohlhabenden Kaufleuten und qualifizierten Handwerkern, wirtschaftlichen Aufschwung für sein vom Dreißigjährigen Krieg ruiniertes Land. Daher war die Neustadt zunächst als reine Gewerbe- und Handelsstadt geplant – und die Hugenotten sollten die Bebauung selbst finanzieren. Der Entwurf des markgräflichen Baumeisters Johann Moritz Richter d. J. sah eine rechteckige, streng geometrisch nach einfachen Proportionsverhältnissen von 1:2 und nach dem Goldenen Schnitt komponierte Gesamtanlage mit rasterförmigem Straßennetz und regelmäßiger Blockbebauung vor – der Kern des heutigen Stadtzentrums. Die alte, in Nord-Süd-Richtung verlaufende Fernhandelsstraße von Nürnberg nach Bamberg bildet als Symmetrieachse die Hauptstraße; sie öffnet sich zu zwei unterschiedlich großen Plätzen (heute Markt-/Schlossplatz und Hugenottenplatz). Entlang der geraden, breiten Straßen reihen sich schlichte, zwei- bis dreigeschossige Häuser ohne individuelle Fassadengestaltung aneinander: Die Einheitlichkeit des Stadtbildes hatte oberste Priorität. Lediglich die sog. Richthäuser, die Eckhäuser an bestimmten Punkten der Hauptstraße, heben sich leicht ab.

Da sich jedoch trotz der gewährten Privilegien wie Steuerfreiheit weniger Hugenotten als erwartet in der neugegründeten Stadt niederließen, begann man ab 1700 mit dem Bau des Schlosses und anderer höfischer Gebäude die Umwandlung in eine fürstliche Nebenresidenz; 1701 wurde sie nach ihrem Gründer Christian-Erlang benannt und 1708 zur sechsten Landeshauptstadt erhoben. Durch eine Erweiterung der Stadtanlage rückten das Schloss und der anschließende Garten ins Zentrum des Ortes. Nach einem Brand 1706 wurde die Altstadt vom Architekten Gottfried von Gedeler mit einem regelmäßigen Grundriss nach Art der Neustadt wiederaufgebaut. 1743 verlegte Markgraf Friedrich die ein Jahr zuvor gegründete Universität von Bayreuth nach Erlangen – noch heute prägt sie die Stadt.

1792 fiel Erlangen mit dem Markgrafentum Brandenburg-Bayreuth zunächst an Preußen und 1810 an das Königreich Bayern. 1812 wurden die Altstadt und die Neustadt unter dem Namen Erlangen vereint. Nach dem Zweiten Weltkrieg, der hier vergleichsweise geringe Schäden hinterließ, erhielt die Stadt durch die Ansiedlung des Technologiekonzerns Siemens neuen Auftrieb.

Die **Neustädter Pfarrkirche** (Neustädter Kirchenplatz 2) entstand 1721–44 als Hauptkirche der evangelisch-lutherischen Gemeinde Erlangens, wahrscheinlich nach einem Plan des Bayreuther Hofarchitekten Johann David Räntz. Außen ist die Saalkirche mit Turmfassade schlicht gegliedert. Im Inneren zeichnet sie sich durch doppelgeschossige Emporen auf schlanken Säulen sowie den für protestantische Kirchen des Markgrafentums typischen Kanzelaltar aus, ebenfalls von Räntz. Hinzukommen das stuckierte Gewölbe und das Deckengemälde von Christian Leinberger von 1734/36, u. a. mit Szenen zum Leben Jesu: insgesamt für eine protestantische Kirche eine reiche Ausstattung, vor allem aber im Vergleich zur Hugenottenkirche.

Die **Christuskirche** (Bohlenplatz 31) wurde 1728–34 für die deutsch-reformierte Gemeinde erbaut, der Entwurf stammt vielleicht vom markgräflichen Baumeister Wenzel Perner. Der einfache Saalbau aus Sandstein ist außen durch eine umlaufende ionische Pilasterordnung, gekehlte Gebäudeecken und hohe, schmale Rundbogenfenster artikuliert. Der mächtige Glockenturm auf der südlichen Längsseite kam nicht über das zweite Geschoss hinaus.

Hugenottenkirche (Hugenottenplatz 2): Unmittelbar nach der Gründung der Neustadt 1686 entstand bis 1693 am kleineren der beiden Hauptplätze die Kirche für die neu zugewanderten französisch-reformierten Hugenotten. Der Entwurf stammt vom Autor des Stadtplans Johann Moritz Richter d. J. Der mächtige Turm an der zum Platz orientierten Langseite kam erst 1732–36 hinzu. Die Architektur des querrechteckigen Saalbaus ist sehr schlicht, und entsprechend dem Bilderverbot der reformierten Kirche fehlt es im Inneren an Ausstattungsstücken. Die mächtige Kanzel betont die Bedeutung der Predigt.

Ehemalige Ritterakademie (Hauptstraße 14–18): Von dem 1700 errichteten, schlichten Sandsteingebäude haben sich nur die Fassaden erhalten. Sie sind einem Neubau vorgeblendet: 1958–64 hat man die historischen Gebäude zugunsten eines Kaufhaus-Baus abgerissen. Diesen ersetzte man 2002–03 durch den heutigen Neubau für Büros und Geschäfte, der sich besser in das historische Umfeld einfügt. Die Ritterakademie war einst eine Ausbildungsstätte für die Söhne des Adels. Sie ging auf eine Initiative von Baron Christoph Adam Groß von Trockau von 1699 zurück. Da der Institution kein dauerhafter Erfolg beschieden war, wurde das Gebäude schon ab 1743 von der neu gegründeten Universität genutzt. Zum Komplex gehörte auch die 1701 eingeweihte **Sophienkirche** (hier befand sich bis 1776 die Universitätsgruft).

Das **Stutterheimsche Palais** (Marktplatz 1), 1728–30 für den Amtshauptmann Christian von Stutterheim erbaut, ist das bedeutendste Barockpalais in Erlangen: mit markantem, durch Kolossalpilaster und Dreiecksgiebel hervorgehobenem Mittelrisalit. 1836–1971 befand sich darin das **Rathaus**, heute sind hier die **Stadtbibliothek** und das **Kunstpalais Erlangen** mit

Erlangen, Hugenottenkirche

der **Städtischen Galerie** zur internationalen Kunst seit 1945 bis in die Gegenwart untergebracht.

Das **Markgräfliche Schloss** (Schlossplatz 1) wurde ab 1700 für den Erbprinzen von Brandenburg-Bayreuth Georg Wilhelm nach Plänen des Architekten Antonio della Porta begonnen, vielleicht anlässlich dessen Hochzeit, und 1702–04 von Gottfried von Gedeler fertiggestellt. Bereits 1703 übernahm Markgraf Christian Ernst das noch unfertige Schloss – er ließ es für seine dritte Gemahlin Elisabeth Sophie vollenden. Zusammen mit dem Schlossgarten und seinen Skulpturen, der Orangerie und der (unvollendeten) Concordienkirche war es das erste größere, in sich geschlossene Bauensemble und zugleich das erste Gesamtkunstwerk des Barock in Franken. Nach dem Tod des Erbauers 1712 diente das Schloss mit Unterbrechungen bis 1814 drei Markgräfinnen als Witwensitz – vor allem Sophie Charlotte, die hier über fünfzig Jahre residierte und Erlangen ein reges kulturelles Leben bescherte. Nach dem verheerenden Brand von 1814 vermachte sie die Ruine der Universität. Diese stellte den Bau wieder her; seit 1919 ist darin deren Verwaltung untergebracht. Obwohl das Schloss in den Planungen für die barocke Idealstadt zunächst nicht vorgesehen war und erst nachträglich am großen Platz erbaut wurde, fügt es sich gut in das Stadtbild ein. Den horizontalen, dreigeschossigen Sandsteinbau mit kolossaler Pilastergliederung und schmalem Mittelrisalit charakterisiert ein strenger, französisch beeinflusster Barockstil.

Der **Schlossgarten** entstand gleichzeitig mit dem Schloss Anfang des 18. Jh.s und bildet mit ihm eine Einheit. 1786 wurde dieser erste Barockgarten Frankens nach dem neuen Geschmack in einen englischen Landschaftsgarten verwandelt. Von den wenigen der einst sechzig Skulpturen im Park sind heute vor allem der Hugenottenbrunnen und das Reiterstandbild sehenswert.

Der **Hugenottenbrunnen** von Elias Räntz von 1703–06 ist wie der Markgrafenbrunnen in Bayreuth kein Werk von hohem künstlerischen Rang, dafür aber als politisches Denkmal hochinteressant. Markgraf Christian Ernst steht auf der Spitze eines mit Figuren hugenottischer Bürger und antiker Götter sowie mit Inschriften besetzten Felsenbergs. Er ließ sich hier als militärisch erfolgreicher, reichspatriotisch gesinnter und tugendsamer Fürst verherrlichen, der sich vorbildlich um das Wohl seiner Untertanen, auch der Hugenotten, kümmerte.

Beim **Reiterdenkmal** des Markgrafen Christian Ernst orientierte sich Elias Räntz 1711/12 am bedeutenden Reiterbild des Großen Kurfürsten von Andreas Schlüter in Berlin. Hoch erhoben auf einem Sockel, der von Sitzfiguren umgeben ist, reitet der Markgraf in schwerer Rüstung über einen Türken und die Verkörperung des Neids hinweg – das Sandsteindenkmal verherrlicht ihn als erfolgreichen Feldherrn im Kampf gegen die Türken. Öffentlich aufgestellte Reiterstandbilder spielten für die absolutistischen Herrscher der Barockzeit eine große Rolle als Zeichen fürstlicher Macht.

Orangerie (mit Blick vom Schloss auf den Schlossgarten linker Hand): 1705/06 ließ sich Markgräfin Elisabeth Sophie vom Architekten Gottfried von Gedeler das Gewächshaus erbauen, auf halbovalem Grundriss mit seitlichen Pavillons für Wohnräume. Es ist ein bedeutendes Beispiel für diesen nördlich der Alpen beliebten Bautyp zur Überwinterung von Zitruspflanzen. Das nach Art eines antiken Triumphbogens gestaltete Mittelportal führt in den Wassersaal, einen Festsaal mit bedeutenden Stuckaturen und installierten Wasserfontänen. Zusammen mit dem geplanten, aber nie vollendeten Pendant der Concordienkirche sollte die Orangerie das erhöhte Gartenparterre mit dem Hugenottenbrunnen vor dem Schloss einrahmen.

Markgrafentheater (Theaterstraße 1): Markgraf Georg

Wilhelm ließ das Theater 1715–19 zusammen mit dem benachbarten Redoutenhaus (1718/19) und dem Marstall (1721/22) als Bautengruppe anlegen. Unter dem Markgrafenpaar Friedrich und Wilhelmine erhielt der Zuschauerraum 1743/44 durch Giovanni Paolo Gaspari im Wesentlichen seine heutige Gestalt mit dreigeschossigen Logen und großer Fürstenloge. Da das Theater im Gegensatz zum Opernhaus in Bayreuth oder dem Cuvilliés-Theater in München nicht primär der Selbstdarstellung der höfischen Gesellschaft diente, besitzt es für die Zeit eine relativ schlichte Ausstattung.

Altstädter Kirche (Martin-Luther-Platz 1): Die heutige Kirche entstand 1709–21 als Ersatz für einen Vorgängerbau, der im großen Stadtbrand von 1706 zerstört worden war. Wie die beiden anderen Hauptkirchen der Stadt ist es ein Saalbau im schlichten Stil der Markgrafenkirchen, mit dominantem Turm an der Front. Das Innere schmücken nur Pilaster, hohe Rundbogenfenster und sparsamer Stuck an der gewölbten Decke. Der säulengeschmückte Kanzelaltar und der Taufstein stammen von Johann David Räntz (1720/21).

Altstädter Rathaus (Martin-Luther-Platz 9): Wie die Kirche musste auch das Rathaus nach dem Stadtbrand von 1706 erneuert werden. Auf der gegenüberliegenden Platzseite errichtete man 1733/34–40 den heutigen Bau im Stil des Bayreuther Barock, mit kolossaler korinthischer Pilasterordnung und Mansarddach. Das hier untergebrachte **Stadtmuseum** widmet sich der Geschichte Erlangens von der Vorgeschichte bis ins 20. Jh., u. a. mit archäologischen Funden aus der Hallstattzeit (8.–5. Jh. v. Chr.), einer wichtigen Sammlung zu den von den Hugenotten eingeführten Gewerben, Geräten und Maschinen der Industrialisierung sowie Objekten der Volkskunde.

Fürth

Die zwischen den Flüssen Regnitz und Pegnitz gelegene historische Stadt ist gut erhalten, da sie im Gegensatz zu Nürnberg im Zweiten Weltkrieg nur wenig zerstört wurde. Die erste urkundlich gesicherte Nachricht stammt aus dem Jahr 1007, als König Heinrich II. das Königsgut Fürth dem neu gegründeten Bistum Bamberg vermachte. Obwohl die kleine Ansiedlung 1062 endgültig das Marktrecht erhielt, stand sie bald im Schatten des mächtigeren Nürnberg. Außerdem wurde die Entwicklung Fürths durch die jahrhundertelange »Dreiherrschaft« eingeschränkt: Bis 1792 kämpften die Burggrafen von Nürnberg (ab 1415 die Markgrafen von Brandenburg-Ansbach), das Bistum Bamberg und die Reichsstadt Nürnberg hier um die Vormachtstellung. Die schwierigen politischen Verhältnisse gewährten den Einwohnern aber auch gewisse Freiheiten in der Ausübung von Gewerbe und Handwerk, ganz anders als etwa in Nürnberg – eine Situation, die auch die Ansiedlung zahlreicher Juden ab dem frühen 16. Jh. begünstigte. Da die Juden hier nie in einem Ghetto leben mussten und zahlreiche, im Heiligen Römischen Reich einzigartige Privilegien genossen, machten sie schließlich ein Viertel der Bevölkerung aus. Zusammen mit den eingewanderten Hugenotten hatten sie im 18. Jh. entscheidenden Anteil an der Entwicklung Fürths von einer dörflichen Ansiedlung zur Stadt. Hier waren damals vor allem Glas- und Spiegelmacher, Goldschmiede, Strumpfwirker, Seidenweber und Bierbrauer tätig. Die hochangesehene Talmudschule entsandte Rabbiner an Synagogen in ganz Europa.

Das Stadtbild des historischen Kerns ist noch heute von der Bebauung des späten 17. und des 18. Jh.s geprägt, so etwa am Marktplatz sowie in der Berg-, der Bäumen-, der Alexander- und insbesondere der Gustavstraße, mit Fachwerk- und Sandsteinhäusern – viele davon mit der charakteristischen farbigen

Schieferverkleidung. 1806 kam Fürth an das neu gegründete Königreich Bayern und wurde 1818 zur Stadt ernannt. Im 19. Jh. stieg es zu einer bedeutenden modernen Industriestadt auf. Damals wurden neue Stadtviertel mit beachtlicher historistischer Bebauung angelegt, so in der Blumenstraße sowie an der Hornschuhpromenade und in der Königswarterstraße.

Der Nationalsozialismus machte dem Zusammenleben von Christen und Juden ein abruptes Ende. In der Reichskristallnacht wurde die Hauptsynagoge zerstört. Drei Viertel der jüdischen Bevölkerung wanderten aus, viele Juden starben im KZ. Nach dem Zweiten Weltkrieg wurde Fürth vor allem als Standort des Unternehmens Grundig und des Großversandhauses Quelle bekannt.

St. Michael (Kirchenplatz 7): Im ältesten Siedlungskern von Fürth entstand um 1100 die erste Pfarrkirche; davon sind heute noch Reste im Langhaus erhalten, das später häufig umgebaut wurde (u. a. wurden ein hölzernes Tonnengewölbe und dreigeschossige Emporen eingebaut). Um 1380/90 kam der Kirchturm hinzu, um 1480 der spätgotische Chor mit Kreuzrippengewölbe und hohen Maßwerkfenstern. Das **Sakramentshaus** aus der Werkstatt von Adam Kraft ist eine einfachere Variante des berühmten Vorbilds in St. Lorenz in Nürnberg.

Rathaus (Königstraße 86): Nach der Erhebung Fürths zur selbstständigen Gemeinde 1818 wurde 1840–44 der Sitz der Stadtvertretung errichtet (1905 erweitert). Friedrich Bürklein, wenige Jahre später Architekt der berühmten Maximilianstraße in München, und sein Bruder Eduard entwarfen einen zweiflügeligen Bau, der sich eng an mittelalterliche Rathäuser der Toskana (vor allem der Turm steht dem des Palazzo Vecchio in Florenz nahe) und an Paläste der italienischen Frührenaissance (regelmäßig angeordnete Rundfenster, Quadermauerwerk, Abschlussgesims) anlehnt.

Für das **Stadttheater** (Königstraße 116), das 1901/02 errichtet wurde, brachten jüdische Bürger mehr als die Hälfte der Spenden auf. Das damals europaweit auf dem Gebiet des Theaterbaus sehr erfolgreiche Wiener Architekturbüro Fellner & Helmer übernahm einfach seinen Entwurf für das zunächst nicht ausgeführte Theaterprojekt von Czernowitz (Ukraine) – da dieses schließlich doch gebaut wurde, stehen in beiden Städten fast identische Theater. Den neobarocken Außenbau zeichnet eine große Arkade aus, flankiert von Doppelsäulen und bekrönt von einem Segmentgiebel. Die Medaillons mit den Bildnissen von Wolfgang Amadeus Mozart, Ludwig van Beethoven und Richard Wagner sowie von Johann Wolfgang von Goethe, Friedrich Schiller und Gotthold Ephraim Lessing machen den bedeutenden Theaterbau zu einem Denkmal deutscher Musik und Literatur. Der Zuschauerraum ist im Stil des Neorokoko ausgestattet.

Der **Jüdische Friedhof** (Weiherstraße 13), auf dem zwischen 1607 und 1906 bestattet wurde, ist die größte jüdische Begräbnisstätte in Süddeutschland. Ein Teil fiel Zerstörungen in der NS-Zeit und im Zweiten Weltkrieg anheim, so dass von ehemals fast 20 000 Grabsteinen nur noch 6000 erhalten sind.

Stein

Die Geschichte des Ortes ist eng mit der Bleistiftfabrikation und der Familie Faber-Castell verbunden. Der Handwerksbetrieb der Familie Faber geht auf das 18. Jh. zurück – Lothar Faber baute ihn im 19. Jh. zur größten deutschen Bleistiftfabrik aus.

Faberschloss (auch: **Steiner Schloss**; Nürnberger Straße 2): Direkt bei den Fabrikanlagen ließ sich Lothar Faber 1843–46 vom Architekten Friedrich Bürklein, dem Erbauer der berühmten Maximilianstraße in München, das **Alte Schloss** erbauen – die Lage neben der Produktionsstätte war typisch für Industriellenwohnsitze der Zeit. Nachdem seine Enkelin und Alleinerbin Ottilie 1898 Alexander Graf zu Castell-Rüdenhausen geheiratet hatte, wurde 1903–06 nach Plänen von Theodor von Kramer das repräsentative **Neue Schloss** im historistischen Stil der Neoromanik erbaut und durch einen hohen Turm mit dem Alten Schloss verbunden – ein später Ableger der Burgenromantik. Die reich ausgestatteten Innenräume sind in verschiedensten Stilarten eingerichtet, von der Neoromanik bis zum Jugendstil und zur Moderne von Bruno Paul, darunter das Damen- und das Herrenbad im Jugendstil, Bibliotheken im Renaissancestil und Festsäle, in denen zahlreiche Bälle und Empfänge für Gäste aus Adel, Politik und Wirtschaft gegeben wurden. Nachdem die Familie Faber-Castell das Schloss 1939 als Wohnsitz aufgegeben hatte, nahmen hier während der Nürnberger Prozesse 1945–49 die internationalen Journalisten, die darüber weltweit berichteten, Quartier: unter ihnen Ernest Hemingway, Erika Mann und Willy Brandt. Hinter dem Schloss erstreckt sich der sehenswerte, romantische **Faber-Park**.

Schwabach

Der kleine, an einst wichtigen Handelsstraßen gelegene Ort ist 1117 erstmals urkundlich genannt. 1375 erhielt er das Marktrecht. Bis 1384 stand Schwabach unter der Regierung verschiedener Herren, dann fiel es für Jahrhunderte an die Burggrafen von Nürnberg, die späteren Markgrafen von Brandenburg-Ansbach. Seit dem 16. Jh. erlangte Schwabach mit dem Handwerk des Goldschlagens und der Nadelherstellung Berühmtheit – noch heute eine Erwerbsquelle. Der durch die Nähe zu Nürnberg begünstigte wirtschaftliche Aufstieg zeigt sich bis heute im reizvollen Stadtbild, insbesondere am Marktplatz mit stattlichen Bürgerhäusern des Spätmittelalters und des Barock sowie mit der Stadtpfarrkirche und dem Rathaus (16. Jh.). In der Reformation spielte Schwabach eine wichtige Rolle: 1529 entstanden hier die *Schwabacher Artikel*, eine wichtige Grundlage für das Augsburger Bekenntnis der lutherischen Reichsstände. 1806 wurde Schwabach wie alle Orte Frankens dem bayerischen Königreich eingegliedert.

Stadtpfarrkirche St. Johannes der Täufer und St. Martin (Martin-Luther-Platz 2): In Zeiten wirtschaftlichen Aufstiegs der Stadt entstand auf Initiative der Bürgerschaft 1410–1509 der Neubau der Pfarrkirche, eine spätgotische Staffelhalle mit Westturm und polygonal geschlossenem Chor mit Maßwerkfenstern. Architekt war vielleicht Heinrich Kugler. Sehenswert ist vor allem die reiche, ungewöhnlich gut erhaltene **Ausstattung mit spätgotischen Flügelaltären**, darunter der Hochaltar, der sog. **Schwabacher Altar** von 1508 aus der

Schwabacher Altar in St. Johannes der Täufer und St. Martin

Werkstatt des Michael Wolgemut, unter Mitarbeit des berühmten Bildschnitzers Veit Stoß. Er ist einer der größten und bedeutendsten Flügelaltäre der deutschen Spätgotik, sowohl mit feststehenden als auch mit beweglichen Seitenflügeln – das ermöglicht im Laufe des Kirchenjahres durch Auf- und Zuklappen einen Wechsel zwischen der Passionsseite (bemalte geschlossene Flügel mit Szenen der Passion Christi sowie dem *Hl. Martin* und dem *Hl. Johannes*), der Werktagsseite (bemalte geöffnete Flügel mit Szenen aus dem Leben der Heiligen) und der völlig geöffneten Festtagsseite: Deren Mittelschrein zeigt die vollplastische Gruppe der *Marienkrönung*, und auf den Seitenflügeln sind Reliefs mit Szenen aus dem Leben Christi und Mariens zu sehen. Auffällig ist die üppige Verwendung von Blattgold. Außerdem sehenswert: Altar der Schönen Maria (Hans von Kulmbach, um 1475), Gemälde *Hl. Barbara* und *Hl. Katharina* von Hans Baldung Grien (1503/04), Glasmalereien von Veit Hirsvogel d. Ä. und das Sakramentshaus (1505, Umkreis Adam Kraft).

Museen

Nürnberg

Albrecht-Dürer-Haus (I D2; zum Bau s. S. 34.): Das 2014 neu gestaltete Museum zu Leben und Werk Dürers besitzt keine Originale des Meisters mehr, aber dafür historische Kopien seiner wichtigsten Gemälde (heute im Anbau von 1971 präsentiert). Wechselausstellungen, vor allem der Graphischen Sammlung der Stadt Nürnberg, zeigen im Dürer-Haus jedoch originale Holzschnitte, Kupferstiche und Zeichnungen des Künstlers.

DB-Museum: s. Verkehrsmuseum.

Deutsches Museum Nürnberg (I D2–3): Seit 2021 werden in einem Neubau von Staab Architekten Meisterwerke der Naturwissenschaften und Technik gezeigt: eine Art Museum der Zukunft zu neuen Technologien und deren Konsequenzen für die Gesellschaft, mit Themen wie »Urbanes Leben«, »Arbeit und Alltag«, »Körper und Geist«, »System Erde«.

Dokumentationszentrum Reichsparteitagsgelände (III I7): s. S. 116.

Das **Germanische Nationalmuseum** (II D4) ist mit über 1,2 Millionen Objekten die weltweit umfangreichste Sammlung zur Kunst und Kultur des deutschen Sprachraums. Seine Gründung 1852 durch den fränkischen Juristen Hans Freiherr von und zu Aufseß ist vor dem Hintergrund der gescheiterten politischen Einigung der deutschen Staaten 1848 zu sehen: Nun versuchte man, sprachliche und kulturelle Gemeinsamkeiten ins Bewusstsein zu rücken, in der Hoffnung, dadurch das Nationalgefühl zu stärken – die Inschrift über dem Eingang lautet »Eigenthum der Deutschen Nation«. 1857 bezog das Museum, dessen Grundstock die Privatsammlung von Aufseß bildete, das ehemalige Kartäuserkloster, noch heute der Kern des

Albrecht Dürer, *Porträt des Malers Michael Wolgemut*, Germanisches Nationalmuseum

weiträumigen Komplexes. Von dieser 1380 vom Patrizier Marquard Mendel gestifteten Kartause im gotischen Stil stehen noch die einschiffige Kirche mit Kreuzrippengewölbe und polygonalem Chor (1405 vollendet), die Sakristei mit der Volckamerkapelle (um 1440), Teile des kleinen Kreuzgangs und zwei Flügel des großen Kreuzgangs (1380–1460) sowie einige der für Kartäuserklöster typischen Mönchshäuser. Seit dem späten

19. Jh. ist das Museum mehrfach erweitert worden. Heute ist es daher ein architektonisches Ensemble aus Bauten verschiedener Epochen, darunter der sehenswerte Eingangsbau mit Ehrenhalle von German Bestelmeyer von 1917–34, die Trakte des Wiederaufbaus der Nachkriegszeit von Sep Ruf und die heutige Eingangshalle von 1987–98 der Architektengruppe me di um. Den 1988 ausgeschriebenen Wettbewerb für die Gestaltung der neuen Zugangsachse durch den Museumskomplex gewann der israelische Künstler Dani Karavan mit der Installation *Straße der Menschenrechte*: Durch ein schlichtes weißes Betontor betritt man die Kartäusergasse; hier sind, ergänzt durch zwei Bodenplatten und eine Säuleneiche, 27 weiße Säulen aufgereiht, in die in deutscher und einer anderen Sprache jeweils ein Artikel der Menschenrechte eingraviert ist, die 1948 von den Vereinten Nationen verabschiedet wurden.

Die Sammlung umfasst Objekte von der Vor- und Frühgeschichte (wie den berühmten *Goldhut von Ezelsdorf-Buch*, 10./9. Jh. v. Chr.) bis in die Gegenwart, mit einem besonderen Schwerpunkt auf der Kunst des Mittelalters, der Renaissance und des Barock. Aus dem Mittelalter werden Skulpturen, Emailarbeiten, Glasmalereien, frühe Tafelmalerei, Buchmalerei (wie der weltberühmte *Codex Aureus* der Abtei Echternach, spätes 10. Jh. und 1030/40), Bildteppiche, Goldschmiedekunst (*Ardennenkreuz*, 9. Jh.) und liturgisches Gerät gezeigt. Ein Kerngebiet des Museums ist die spätmittelalterliche Kunst Nürnbergs (14. und 15. Jh.), darunter Skulptur und Plastik, die z. T. in den erhaltenen gotischen Bauteilen der Kartause ausgestellt sind und in diesem historischen Umfeld, vor allem in der Kirche, eine ganz besondere Wirkung entfalten (etwa die Originale des Sebalder Chörleins und des Schönen Brunnens); ferner Werke von Adam Kraft wie die Kreuzwegstationen von 1505–08 und Holzbildwerke von Veit Stoß (Kruzifix von etwa 1500; *Raphael und Tobias* von 1516); außerdem Altarretabel und andere Gemälde, etwa von Hans Pleydenwurff (*Porträt von Georg Graf von Löwenstein*, 1456) und Konrad Witz (*Verkündigung an Maria*, um 1445). Weitere Abteilungen zeigen Objekte der Alltagskultur wie Möbel, Kachelöfen, Goldschmiedearbeiten, Silber, Keramik, Porzellan und Fayence sowie die Kunst der Renaissance und des Barock, die gattungsübergreifend unter verschiedenen thematischen Gesichtspunkten präsentiert wird, darunter Werke von Albrecht Dürer (*Karl der Große*; *Porträt von Michael Wolgemut*), Albrecht Altdorfer (*Bergung der Leiche des hl. Florian*), Lukas Cranach d. Ä. (*Porträt von Martin Luther*) und Rembrandt (*Selbstbildnis mit Halsberge*) sowie den *Behaim-Globus* von 1492/94. Hinzukommen bedeutende Sammlungen aus den Bereichen Medizin und Handwerk (darunter Zunftgegenstände), Waffen, Jagd, Gartenkultur, Musikinstrumente, Mode, Volkskunde, wissenschaftliche Instrumente (besonders Uhren) und Spielzeug (etwa die Nürnberger Puppenhäuser) sowie zur Kunst des 19. und 20. Jh.s und das 1869 gegründete Gewerbemuseum, eine Mustersammlung für die Herstellung von Produkten des Kunstgewerbes und des Industriedesigns.

Henkerhaus (im Henkerturm, I D3): s. S. 80.

Kaiserburgmuseum (in der Kaiserburg, I D2): s. S. 29.

Kunsthalle (II E3): Wechselausstellungen internationaler moderner und zeitgenössischer Kunst.

Künstlerhaus im KunstKulturQuartier (II E4): Das Gebäude entstand 1910 in Formen der deutschen Spätrenaissance für den Nürnberger Kunstverein und die Städtische Galerie. 1973–97 machte hier das KOMM von sich reden, eines der ersten selbstverwalteten soziokulturellen Zentren Deutschlands. Seit 2008 ist das Künstlerhaus Teil des KunstKulturQuartiers, eines Zusammenschlusses mit der Kunsthalle Nürnberg, der Tafelhalle, dem Filmhaus und der Ruine von St. Katharina: Hier finden interdisziplinäre, multikulturelle Veranstaltungen zu bildender Kunst, Literatur, Film, Musik, Tanz, Theater und Handwerk statt. 2001 erhielt das Gebäude einen neuen Eingangsbereich in Form eines Glaskubus: Er ist in seiner Gestalt umstritten.

Kunstvilla (I E3): In der neobarocken Villa, die sich 1893–95 der jüdische Hopfenhändler Emil Hopf erbauen ließ, wird regionale Kunst des 20. und 21. Jh.s gezeigt.

Lochgefängnisse (im Alten Rathaus, I D2): s. S. 53.

Memorium Nürnberger Prozesse (im Justizpalast, III A3): s. S. 112.

Museum Industriekultur (III I1): In einer Halle des ehemaligen Eisenwerks (Tafelwerk) werden das Alltagsleben und die Arbeitswelt im Zeitalter der Industrialisierung des 19. und 20. Jh.s mit Schwerpunkt auf Nürnberg gezeigt; darunter auch Kunsthandwerk des Nürnberger Jugendstils.

Museum für Kommunikation: s. Verkehrsmuseum.

Museum Kühnertgasse |22|20|18 (I E3; **Handwerkermuseum**): In drei kleinen erhaltenen Handwerkerhäusern des späten 14. Jh.s (später mehrfach verändert) wird die frühere Lebens- und Arbeitswelt von Handwerkern gezeigt.

Museum Tucherschloss und **Hirsvogelsaal** (im Tucherschloss, I E2): s. S. 74.

Naturhistorisches Museum (I E3): Hier werden Dauerausstellungen aus den Bereichen Völkerkunde (Südsee, Sibirien, Mittelamerika, Sahara und Westafrika), Vor- und Frühgeschichte, Geologie und Mineralogie, Ökologie und der Archäologie Jordaniens (mit Funden aus Petra zur Kultur der Nabatäer) gezeigt.

Neues Museum – Staatliches Museum für Kunst und Design (II D4): Seit dem Jahr 2000 befindet sich das Staatliche Museum für Kunst und Design in diesem vielbeachteten Neubau des Architekten Volker Staab. Seine über hundert Meter lange, leicht geschwungene Glasfassade, die Einblick ins Inne-

Neues Museum, Eingangsseite

re gewährt, setzt in der Altstadt einen wichtigen städtebaulichen Akzent. Die Sammlung zeigt internationale Kunst und Design von etwa 1960 bis in die Gegenwart, darunter Werke von Gerhard Richter und Konkrete Kunst. Im Skulpturengarten sind plastische Arbeiten namhafter zeitgenössischer Künstler ausgestellt.

Das **Spielzeugmuseum** im Hallerschen Haus (I D2; zum Bau s. S. 39) ist eines der größten seiner Art weltweit, mit Objekten von der Antike bis in die Gegenwart; der Kernbestand geht auf die Sammlung des Ingenieurs Paul Bayer (1896–1982) und seiner Frau Lydia zurück. Die Gründung des Museums verdankt sich der Initiative ihrer Tochter, einer auf Spielzeug spezialisierten Kunsthistorikerin; sie war die erste Direktorin des Museums.

Das **Stadtmuseum** im Fembohaus (I D2; zum Bau s. S. 66) zeigt Dauerausstellungen zur Geschichte Nürnbergs, u. a. zu

Themen wie: die Stadt im Heiligen Römischen Reich, der Rat der Stadt, Handwerk und Handel, Zerstörung und Wiederaufbau im 20. Jh. Die erhaltenen historischen Wohn- und Repräsentationsräume in den Obergeschossen vermitteln eine Vorstellung von der bürgerlichen Wohnkultur in Renaissance und Barock. Die von Carlo Moretti Brentano 1674 geschaffene Stuckdecke ist das eindrucksvollste Beispiel seiner Art in Nürnberg. Besonders sehenswert sind außerdem das Gemälde *Friedensmahl* von 1650 des bedeutenden deutschen Malers und Kunsthistorikers Joachim von Sandrat sowie Raumausstattungen anderer Bürgerhäuser, die man vor den Bomben des Zweiten Weltkriegs gerettet und anschließend hier eingebaut hat, allen voran das **Schöne Zimmer** von etwa 1610 aus dem Pellerhaus: Reich verzierte Holzvertäfelungen und eine Kassettendecke mit Gemälden von Georg Gärtner d. J. (in der Mitte *Phaeton auf dem Sonnenwagen*, umgeben von den *Vier Elementen*, *Vier Jahreszeiten*, *Vier Erdteilen* und den *Olympischen Göttern*) machen den Anspruch des Auftraggebers Martin Peller deutlich, der in diesem Raum im Pellerhaus seine Gemäldesammlung untergebracht hatte und das Reichsoberhaupt, den Kaiser, beherbergen wollte. Der **Apollobrunnen,** ursprünglich für die Schießstätte der Armbrustschützen, das Herrenschießhaus, 1532 vom Nürnberger Gießer Pankraz Labenwolf nach Entwürfen von Peter Flötner und Peter Vischer d. J. geschaffen, ist ein wichtiges Werk der deutschen Renaissanceplastik: Die Aktfigur des bogenschießenden Apoll, Patron der Schützen, verrät die Kenntnis italienischer Vorbilder.

Turm der Sinne (II C3): Im Mohrenturm der Stadtmauer befindet sich das ungewöhnliche interaktive Museum, in dem Besucher sich auf experimentelle Weise mit den Phänomenen der Sinneswahrnehmung (und ihrer Täuschung) beschäftigen können.

Verkehrsmuseum (II D4): Das 1899 eröffnete Museum gehört zu den ältesten Museen der Technikgeschichte in Europa. Es beherbergt das DB-Museum zur Geschichte der Eisenbahn von den Anfängen um 1800 bis in die Gegenwart (mit berühmten historischen Fahrzeugen sowie dem monumentalen Wandbild mit Lokomotive von Alois Wünsche-Mitterecker von 1954, einst für die Schalterhalle des Würzburger Hauptbahnhof geschaffen); ferner das Museum für Kommunikation zur Geschichte der Post und des Fernmeldewesens sowie zu allgemeinen Themen der menschlichen Kommunikation in Wort, Ton, Bild und Internet. Das Sandsteingebäude in Formen der deutschen Spätrenaissance ist 1914–25 errichtet worden.

Erlangen

Antikensammlung der Universität (Institut für Klassische Archäologie, Kochstraße 4): Seit ihrer Gründung 1743 besitzt die Universität zahlreiche Forschungs- und Lehrsammlungen aus unterschiedlichen Fachgebieten, darunter auch zur Archäologie. Neben Gipsabgüssen berühmter antiker Skulpturen und Reliefs umfasst die Sammlung einen großen Bestand an griechischer Keramik des 6. und 5. Jh.s v. Chr.

Stadtmuseum Erlangen (Martin-Luther-Platz 9): s. S. 132.

Kunstpalais Erlangen (Städtische Galerie; Marktplatz 1): s. S. 128.

Die **Ur- und Frühgeschichtliche Sammlung der Universität** (Kochstraße 4/18) zeigt Funde aus der ganzen Welt von der Steinzeit bis in die Frühe Neuzeit; es ist eine der großen Prähistorischen Universitätssammlungen in Deutschland.

Fürth

Jüdisches Museum Franken (Königstraße 89): Das einst in jüdischem Besitz befindliche Haus aus dem frühen 18. Jh. ist innen prachtvoll mit Stuckdecken, einer historischen Laubhütte und einem Ritualbad ausgestattet. 2018 kam ein moderner kubischer Erweiterungsbau des Architekturbüros ARGE gatz, kuntz + manz hinzu. Dauer- und Wechselausstellungen thematisieren anhand von Judaika und Alltagsgegenständen jüdische Geschichte und Kultur in Franken vom Mittelalter bis in die Gegenwart (Dependancen in Schnaittach und Schwabach).

Kunst Galerie Fürth (Königsplatz 1): wechselnde Ausstellungen, vorwiegend zur zeitgenössischen Kunst

Stadtmuseum Fürth (Ottostraße 2): Im Gebäude der ehemaligen Ottoschule(1869–78 erbaut) wird die Stadtgeschichte von Fürth dokumentiert, mit Schwerpunkt auf die Entwicklung des Handwerks und der Industrie im 19./20. Jh. – der Hochzeit der Stadt.

Schwabach

Stadtmuseum (Museumsstraße 1): In einer ehemaligen Kaserne von 1935, die 2009 um einen modernen Neubau vom Nürnberger Architekturbüro Niederwöhrmeier + Kief Architekten erweitert wurde, werden Themen der Stadtgeschichte gezeigt, insbesondere das Handwerk der Gold- und Metallverarbeitung. Hinzukommen das Eiermuseum und die weltweit größte Sammlung von Spielwaren der Firma Fleischmann.

Anhang

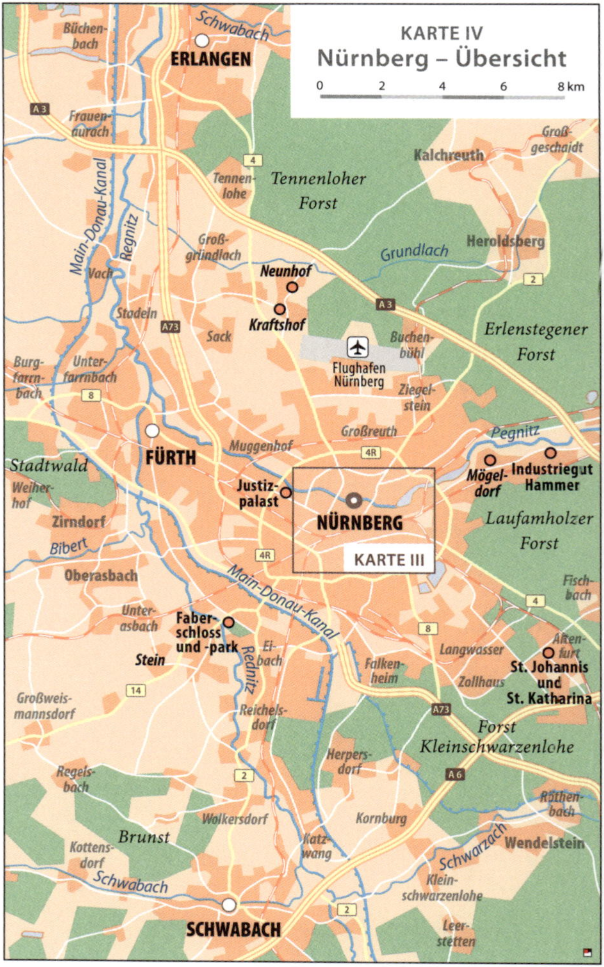
KARTE IV
Nürnberg – Übersicht
0 2 4 6 8 km
ERLANGEN
Schwabach
Büchenbach
A3
Frauenaurach
Main-Donau-Kanal
Regnitz
Tennenlohe
Tennenloher Forst
Kalchreuth
Großgeschaidt
Großgründlach
Neunhof
Kraftshof
Grundlach
Heroldsberg
Vach
Stadeln
A73
Sack
Buchenbühl
Flughafen Nürnberg
Erlenstegener Forst
Burgfarrnbach
Unterfarrnbach
Ziegelstein
FÜRTH
Großreuth
Muggenhof
Pegnitz
4R
Stadtwald
Weiherhof
Justizpalast
NÜRNBERG
Mögeldorf
Industriegut Hammer
Laufamholzer Forst
Zirndorf
Bibert
KARTE III
Oberasbach
Fischbach
Unterasbach
Faberschloss und -park
Stein
Eibach
Rednitz
Falkenheim
Langwasser
Zollhaus
Altenfurt
St. Johannis und St. Katharina
Großweismannsdorf
Reichelsdorf
Forst Kleinschwarzenlohe
Herpersdorf
A6
Regelsbach
Wolkersdorf
Kornburg
Röthenbach
Brunst
Kottensdorf
Katzwang
Schwarzach
Wendelstein
Schwabach
Kleinschwarzenlohe
SCHWABACH
Leerstetten

Nachweis der Karten und Abbildungen

Imago / Helmut Meyer zur Capellen: S. 14; J. Pfeiffer: S. 35; Peter Schickert: S. 48; Arkivi: S. 57; Raimund Kutter: S. 60; Norbert Probst: S. 69; Westend61: S. 81; Norbert Probst: S. 114; imagebroker: S. 127; Wikimedia Commons / DALIBRI: S. 32; Otto Schemmel: S. 44; Henning Leweke: S. 54; Klaus Bärwinkel: S. 64; Karl Emil Otto Fritsch: S. 68; Erich Lessing: S. 94; Uoaei1: S. 97; Daderot: S. 100; Tilman2007: S. 137; Shutterstock / Cezary Wojtkowski: S. 39; Bumble Dee: S. 144. HüttenWerke: Karten S. 24–27, 150 und in den Umschlagklappen; Germanisches Nationalmuseum: S. 140.

Weiterführende Informationen

Literaturhinweise

Böning-Weis, Susanne: Der Hirsvogelsaal in Nürnberg. Geschichte und Wiederherstellung. München 2004.

Braun, Zooey: Neues Museum in Nürnberg. Berlin 2005.

Breuer, Tilmann / Oswald, Friedrich / Piel, Friedrich [u. a.]: Handbuch der Deutschen Kunstdenkmäler. Bayern I: Franken.Regierungsbezirke Oberfranken, Mittelfranken und Unterfranken. Hrsg. von Georg Dehio [u. a.]. München ^{2}1999.

Crescenzio, Daniela: Italienische Spaziergänge in Nürnberg. Unterhaching 2011.

Diefenbacher, Michael / Beyerstedt, Horst-Dieter / Bauernfeind, Martina: Nürnberg. Kleine Stadtgeschichte. Regensburg ^{2}2017.

Diefenbacher, Michael / Endres, Rudolf (Hrsg.): Stadtlexikon Nürnberg. Nürnberg ^{2}2000. Online: http://online-service2.nuernberg.de/stadtarchiv/dok_start.fau?prj=verzeichnungen&dm=Lex_Internet

Diefenbacher, Michael / Landois, Antonia (Hrsg.): »Hingeht die Zeit, herkommt der Todt« – 500 Jahre Johannis- und Rochusfriedhof 1518–2018. Katalog der Ausstellung des Stadtarchivs Nürnberg. Neustadt a. d. Aisch 2018.

Dietzfelbinger, Eckart: Nürnberg, Reichsparteitagsgelände und Justizpalast. Berlin 2014.

Eberlein, Johann Konrad: Albrecht Dürer. Reinbek ^{4}2014.

Evang.-Luth. Kirchengemeinde St. Lorenz (Hrsg.): St. Lorenz in Nürnberg. Lindenberg 2011.

– 500 Jahre Engelsgruß in St. Lorenz Nürnberg. Lindenberg 2018.

Friedel, Birgit: Die Nürnberger Burg. Geschichte, Baugeschichte und Archäologie. Petersberg 2007.

Friederich, Christoph (Hrsg.): 300 Jahre Hugenottenstadt Erlangen. Vom Nutzen der Toleranz. Katalog der Ausstellung im Stadtmuseum Erlangen. Nürnberg 1986.

Funk, Veit: Glasfensterkunst in St. Lorenz in Nürnberg. Nürnberg 1995.

Große, Peggy / Rieger, Georg: Evangelisch-reformierte St. Martha-Kirche Nürnberg. Regensburg 2019.

Gürtler, Daniel / Schieber, Martin: Schwabach. Die Goldschlägerstadt. Nürnberg 2012.

Kahsnitz, Rainer: Die großen Schnitzaltäre. Spätgotik in Süddeutschland, Österreich, Südtirol. München 2005.
Kammel, Frank Matthias (Hrsg.): Adam Kraft. Die Beiträge des Kolloquiums im Germanischen Nationalmuseum. Nürnberg 2002.
– Germanisches Nationalmuseum. Führer durch die Sammlungen. Nürnberg ^{2}2017.
Leyh, Robert: Die Frauenkirche zu Nürnberg. Katholische Pfarrkirche Unserer Lieben Frau. München/Zürich 1992.
Nestmeyer, Ralf: Nürnberg. Fürth. Erlangen. Erlangen ^{11}2018.
Noll, Thomas: Der »Englische Gruß« des Veit Stoß. Ikonographie und Frömmigkeit. In : Zeitschrift des Deutschen Vereins für Kunstwissenschaft 2002/03 (2004) Nr. 56/57. S. 115–143.
Pelzl, Inés: Veit Stoß. Künstler mit verlorener Ehre. Regensburg 2017.
Riestra, Pablo de la: Kunstdenkmäler in Bayern. Franken, Regensburg, Oberpfalz. Darmstadt 2003.
Schauerte, Thomas: Das Albrecht-Dürer-Haus in Nürnberg. Regensburg 2015.
– [u. a.]: Dürer und das Nürnberger Rathaus. Aspekte von Ikonographie, Verlust und Rekonstruktion. Petersberg 2013.
Schieber, Martin: Nürnberg. Eine illustrierte Geschichte der Stadt. München 2000.
– Erlangen. Eine illustrierte Geschichte der Stadt. München 2002.
– Nürnberg. Die mittelalterliche Stadt. Nürnberg ^{3}2017.
Schleif, Corine: *Donatio et memoria*. Stifter, Stiftungen und Motivationen an Beispielen aus der Lorenzkirche in Nürnberg. München 1990.
Schmidt, Alexander / Urban, Markus: Reichsparteitagsgelände Nürnberg. Nürnberg ^{2}2016.
Scholz, Hartmut: St. Sebald in Nürnberg. Regensburg 2007. (Meisterwerke der Glasmalerei. 3.)
– Die gotischen Glasmalereien in St. Martha, Nürnberg. Regensburg 2018.
Weilandt, Gerhard: Die Sebalduskirche in Nürnberg. Bild und Gesellschaft im Zeitalter der Gotik und Renaissance. Petersberg 2007.
– Der ersehnte Thronfolger. Die Bildprogramme der Frauenkirche in Nürnberg zwischen Herrschaftspraxis und Reliquienkult im Zeitalter Kaiser Karls IV. In: Kirche als Baustelle. Große Sakralbauten des Mittelalters. Hrsg. von Katja Schröck, Bruno Klein und Stefan Bürger. Köln/Weimar/Wien 2013. S. 224–242.
– Die Sebalduskirche Nürnberg. Regensburg 2017.

Windsheimer, Bernd: Geschichte der Stadt Fürth. München 2007.
Woditsch, Richard (Hrsg.): Architekturführer Nürnberg. Berlin [2]2021.

Internetseiten zu Sehenswürdigkeiten

www.baukunst-nuernberg.de
www.herrensitze.com
www.nuernberg.museum
www.kunstnuernberg.de
www.historisches-lexikon-bayerns.de
www.nuernberginfos.de

Register

Zur Autorin

ELISABETH WÜNSCHE-WERDEHAUSEN studierte Kunstgeschichte, Archäologie und Städtebau in Bonn, Wien, Mailand und Rom. Nach der Promotion war sie Stipendiatin und wissenschaftliche Mitarbeiterin an der Bibliotheca Hertziana in Rom (Max-Planck-Institut für Kunstgeschichte), anschließend am Kunsthistorischen Institut der Ludwig-Maximilians-Universität in München. Zu den Schwerpunkten ihrer zahlreichen Veröffentlichungen gehören die Architektur der Renaissance und des Barock in Norditalien, das Mäzenatentum von Fürsten und Fürstinnen im 17. und 18. Jh. sowie die Kunstbeziehungen zwischen Bayern und Italien. In der Reihe *Reclams Städteführer* erschienen von ihr die Bände *Berlin* (Universal-Bibliothek Nr. 19627), *München* (Nr. 19394), *Toskana* (Nr. 19463), *Venedig* (Nr. 19246) und *Bamberg · Bayreuth* (Nr. 14023). Sie lebt als freie Autorin, Übersetzerin und wissenschaftliche Reiseleiterin in München.